"笨"小孩也有春天

慢养，发现孩子的潜在优势

亲子雅心◎著

中国财富出版社

图书在版编目（CIP）数据

"笨"小孩也有春天：慢养，发现孩子的潜在优势／亲子雅心著．—北京：中国财富出版社，2013.12

ISBN 978-7-5047-4975-8

Ⅰ.①笨… Ⅱ.①亲… Ⅲ.①儿童教育—家庭教育 Ⅳ.①G78

中国版本图书馆 CIP 数据核字（2013）第 265023 号

策划编辑	黄 华		责任印制	方朋远
责任编辑	周 南 姜莉君		责任校对	饶莉莉

出版发行	中国财富出版社（原中国物资出版社）	
社　　址	北京市丰台区南四环西路 188 号 5 区 20 楼	邮政编码 100070
电　　话	010-52227568（发行部）	010-52227588 转 307（总编室）
	010-68589540（读者服务部）	010-52227588 转 305（质检部）
网　　址	http://www.cfpress.com.cn	
经　　销	新华书店	
印　　刷	北京京都六环印刷厂	
书　　号	ISBN 978-7-5047-4975-8/G·0568	
开　　本	710mm×1000mm 1/16	版　次 2013 年 12 月第 1 版
印　　张	15.25	印　次 2013 年 12 月第 1 次印刷
字　　数	211 千字	定　价 32.00 元

前　言

作为父母，心里一定有个声音在不停地怂恿着你：孩子应该能"一夜长大、一步登天"；孩子应该按照你的意愿成长，因为你是生养他的父母；孩子应该能懂你的潜台词，知道你话背后的意思；孩子应该是解密专家，能理解你发出的所有信号；孩子应该完成你未竟的梦想；孩子应该享受你辛苦给他创造的生活；孩子就应该是今天播种明天收获。作为父母，你坚信：有一条捷径可以让你伸手就触及；作为父母，你很是希望你的孩子能够给你的人生"雪中送炭""锦上添花"；作为父母，你一定希望孩子能够"补你所不及""补你所不力"；作为父母，你一定很喜欢孩子能够青出于蓝而胜于蓝。你做到的，孩子要做得到，你做不到的，孩子更应该做得到。回过头来思考"己所不欲，勿施于人"，同理"己所不能，勿施于子"，我们当作何感想？

作为父母，你很难忍受孩子不如你意。然而，不得不面对时，你心底里一定有个声音告诉你"有高手可以让你的孩子一夜长大"或是"一句话就天壤之别"。老话说"心急吃不了热豆腐""财不进急门"。教育是个慢活，是个需定力、需耐力的活。

所谓"世间万物皆有定时——播种有时，成长有时，花开有时，凋零有时"。同样，孩子的生长、发育、认知亦有时，养育孩子也需要做父母的静下心，慢慢地等、静静地待。慢慢等，静静待，是一种信任的态度，是一种能够境界的能耐，是一种高境界的智慧。这就是教育的"轻松不轻易"。

事实上，我们的爱已经撞到了雷区、鸣响了警钟，需要为人父母的我们及时反省、及时纠错，否则我们的孩子就真的被我们"养笨""养傻"乃至"养丢"了。下面则是笔者在教育经历中的亲身案例。

"误爱将孩子送进天国"中，文文（化名）是一个很有才情才气且优秀的女孩子，由于中考发挥失利没能考进省重点，为此她的父母便没完没了地责怪她，没完没了地诉说对她的失望、对她的不满；没完没了地表达他们的伤心、在同事面前没有颜面；没完没了地讲这次考试的重要、由于失误导致的毁灭性、不可挽回性……直到有一天这孩子从他们家的十三层楼跳下去……母亲受不了这猝不及防的打击带着对孩子的怨恨疯掉了，被人尊称为"一支笔"的父亲也从此废掉了，一个好端端的家就这样毁掉了。

案例中的父亲母亲很爱自己的孩子，这毋庸置疑，只是他们不具备爱的能量。因为在他们心里这爱是有条件的，那就是"分数"，就是"如愿以偿"；他们的爱不能够独立站起来，这种爱让孩子深感压力，深感窒息，没有家的温暖，所以，她选择了逃离。悲剧的认知必然导致悲剧的人生；悲剧的父母必然导致悲剧的儿女，特别是悲剧的母亲导致的至少是三代悲剧。所以，作为父母我们一定要学会慢养孩子，让我们的孩子一点一点地长大。

本书能在较短的时间内出版真诚感谢秦富洋、陈春东、张旭婧、王京刚、陈宁华、王军生、辛海、蒋志操、王咏、赵国星、王奇珍、江晓兴、王道国、张艳杰、赵志刚等人在制图、文字修改以及图书推广宣传方面的协助。

作　者

2013 年 7 月

目录
Contents

下篇　孩子成长在后——踏着父母的脚印想不成功都好难

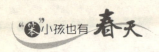

上篇

家长示范在前

——以静候花开的能量守候孩子成长

第一章

清洗自己"爱"：爱要有愿望，更要有能量

父母，大多有爱的愿望，但未必有爱的能量。

父母皆爱自己的孩子，这毋庸置疑！然而，有相当的"爱"只是爱的愿望而非爱的实际、爱的能量。就让我们走近我们的爱，从"评定爱、认识爱、理解爱、探索爱、廉政爱、洗洗爱、感动真爱、爱在自由里"几个方面来浅谈一下父母的爱不仅要有愿望，更要有爱的能量。

评定爱——爱谁谁说了算

老师教的好不好谁说了算？医生的医术高明否谁说了算？家长的爱纯不纯正谁考量、谁评定？答案不难给出：老师的教育、教学水平是学生说了算；医生的医术高明否是病人说了算。同样，家长的爱纯正否是孩子说了算，也就是评定爱是爱谁谁说了算。

对爱人我们常讲"我爱你"；对孩子我们常说"我是爱你的""我本心是好的"。其实这命题本身就是错误的。因为爱是施爱者说了不算的，爱是"受爱者"感受评定的。正确的说法应该是"我这么做，你感觉到爱

了吗?"其实爱的想法我们很容易有,但爱的结果很难对应。所以,爱谁谁说了算。对于孩子不是我们多想让他好就是好,而是孩子感觉多受用才是好;也就是说,你的孩子是否感觉到了宽松,感觉到了给力,感觉到了有奔头,感觉到了不势利,感觉到了无条件,感觉到了开明,感觉到了公平,感觉到了真诚。

电视剧《我的青春谁做主》中一位主治医生曾说过这样一句颇有深意的话:"我感觉自己从医术的角度上讲,这次手术没有任何失误,可谓成功。可是病人却可能永远站不起来了。"

作为父母,可能都有过这种心态:"我们这样用心待你,就换不回你的好成绩。"试想想:如果我们的爱要以分数来兑换,那这种爱岂不是有条件的吗?按照交往的黄金法则:孩子也会有条件地对待父母。

人其实经常会犯简单的大错误。家长尤其会这样:"很简单的问题常常以为孩子看不懂;很复杂的、自己都不懂的问题以为孩子能够解密。"不是吗?父母有时会给孩子点脸色,以为孩子该懂这"脸色"背后的潜台词,连自己都不能说或是说不明白的事情,孩子怎么会懂!对于像爱这样简单的问题,父母以为"强化"几次、"重复"几遍,孩子就该相信!这就是父母们"小精明又大傻"的可爱:"该高估时低估,该低估时高估。"曾做过多次测查,有太多的孩子在测查时表示:父母们更爱的是他们自己、更爱他们自己的虚荣、他们自己的攀比、他们自己的补偿。有个孩子讲:"爱我就该尊重我""爱我就该知道我要什么""我们的分数就是他们身价的筹码""我们的成绩就是他们的品牌"。

如此一来,无论我们的孩子智力多么不如人,学习表现让你觉得多么不如意,反应多么迟、多么愚,都不影响我们对他们的爱,都不是我们可以"出口伤害"的理由,一如我们爱的愿望未必有爱的能量一样,我们的孩子都有向好的愿望,但未必都一定会取得满意的结果。更何况对于孩子，作为父母给予他的最大的财富其实是德而非智；家庭教育的最大成功是孩子爱你，孩子正直、善良、心态阳光。

"笨小孩"最能考究你爱的受量、爱的能量、爱的纯正！

"笨小孩"就是上天给父母的厚爱，给父母的一次体验真爱、享受真爱的机会。这不是所有父母都有的际遇！因为有此心境真的是一种美丽！

"笨小孩"通常是可爱的，是一种若憨若愚的大智，是晚来的惊喜。我们都知道早来的福不叫福，晚来的福才是福。所以，"笨小孩"真的是上天的赏赐！不信？让我说给你听……

爱是施爱者说了不算的，而是由"受爱者"感受评定的。"笨小孩"就是上天赐给父母的厚爱，给父母的一次体验真爱、享受真爱的机会。这不是所有父母能够的际遇！

认识爱——纯净爱不言爱

老话说"说多了，得少了"。对于爱而言，爱是无言的。很简单，如果我们送给人家了礼物，然后再不停地提醒人家"我送礼给你"，作为受礼者感受如何？你一定会想"要么是这人很小气""要么是这人别有用心""要么是这人很俗气""要么是这人另有所图"。同理，作为父母，如果我们将爱挂在嘴上到处招摇，或者以此抱怨、以此要挟，会让孩子感到父母的爱有目的，不是为了爱而爱，而只是一种为了获取"他物"的手段，是为了获取自己心理满足、虚荣满足的手段而已。爱是不轻易说出口

的，轻易的是不珍贵的。所以说，纯净的爱是无言的。所以，千万别应了歌中所唱的那句讽刺"吃了我的给我吐出来，拿了我的给我还回来"，那是何等的讽刺！

正如大悲无泪、大象无痕、大音希声一样，大爱是无言的。

你是不是真正的爱呢？

对于爱而言，爱是无言的。爱是不轻易说出口的，轻易的是不珍贵的。所以说，纯净的爱是无言的。

理解爱——多少幸福多少爱

爱用什么称量？爱用幸福称量。有多少幸福就有多少爱。这幸福感既有施爱者的"施爱幸福"，又有受爱者的"受爱幸福"。施爱受爱感受均衡、现在与将来都将是幸福的，这才是真正的幸福，真正的爱。

如果一个人的某种爱，让你感觉烦躁、感觉愤怒、感觉恐慌、感觉厌恶，这叫一厢情愿的"打扰"，而不能叫爱；再直白些说，这叫"骚扰"。

这种"单向打扰型"的爱，对于男人是极具杀伤力的，许多时候男人是被女人这样子用"嘴"爱出了家门的。男人针对女人通宵达旦的"审问"通常以沉默表示抗议，以工作作逃避，久之就会出现"情感走私"，所以要引身边人的现型为戒。切忌：一是有意无意翻短信；二是经常随时随地电话查岗；三是以教训的口吻表白爱；四是以讲道理的形式告白爱。诸如此类的示爱会形成一种"压力"，因为强势语气会有压力之感，这种感觉不是"爱"的味道；这种示爱还会产生低水平的乏味感，再好吃的佳肴在嘴里咀嚼久了也会乏味，当然这和挂在嘴上不是完全等同的。以此类推，对于孩子的爱莫不是如此，我们熟知的对父母之爱"厌烦"的表象通常有：

①到了一定年龄表现的逆反。

②对于父母言语及行为的顶撞。

③对于父母指令的沉默抗议。

④受委屈时的流泪。

⑤因被训而产生的口吃现象。

⑥踢打物品现象。

⑦微表情现象。

⑧紧闭房门现象。

⑨突然写日记现象。

⑩恶意索要钱物现象。不是真正的需求，而是一种报复行为。言外之意：你不是为了我不惜花钱吗？那我就花给你看。

⑪非常之举。如穿着上的突然变异，将头发染成红色或是白色，给自己剃个光头，穿上自己平时不穿的搞怪衣服等。

⑫有意交往不良同学。

⑬故意不吃饭。

⑭早恋。这种早恋称为"假意早恋"或"信号式早恋"。其目的不在于早恋，而在于你的爱压得孩子喘不过气来，你的爱让他窒息，让他愤怒，既而以此信号警告。

⑮网瘾。这种网瘾称为"假意网瘾""信号式网瘾"。其目的不在于网瘾，而在于你的爱压得孩子喘不过气来，你的爱让他窒息，让他愤怒；或是他们非常地希望你真诚，能够给予他们想要的而你又很容易给出的东西。当然如果你尚不能明白他们需求什么，不懂他们的需求，不懂他们通

常的表达方式，不在意他们信号背后的潜在需求就无法给予他们想要的东西，接下来的所有教育内容都会连带地出现状况。

爱这东西不是家长有什么、家长能给什么、家长乐意就给什么的问题，而是孩子需要什么的问题；爱这东西是一种很感觉层面的内容，所以我们要培养"受爱感"，培养受爱感就要检查孩子是不是有"爱感缺乏症"，这种症状通常是将自己想象成"没人爱的孩子"，将父母的行为功利化、世俗化。这类孩子自我存在感很低，本身会有一种严重的悲剧色彩或将自己扮成悲情角色，于是就会努力将自己弄得不痛快，也会折磨爱他的人不痛快。感受双向的痛苦时，就达到了其期望的结果。所以，作为父母，首先要有意识地观察孩子是否具有此种"爱感缺乏症"，这样的孩子很容易抑郁或是情绪低落，有时自罪感又极重；如果不加以调理或矫治，长大后很容易出现"爱功能丧失症"。对于家长们通常理念中的"笨小孩"，这点要尤其注意。

　　能够让自己快乐幸福的爱是一种道德；能够让孩子感受幸福快乐是一种美德。这种既道德又美德的爱也是一种能量，它叫爱的能量。

探索爱——没有因为只有所以

女人较男人精明，然而有时又傻得可爱！无论多么优秀、多么出色的女人，她们都会不止千遍万遍地追问爱自己或是自己爱的男人"你爱我吗?""你为什么爱我?""你的前女友是什么样子?"爱是一种感觉，感觉的东西通常是没有因为，只有所以的；至少目前尚不能诠释爱的因为，因为里面有太多的"场因素"的影响。因为情与理本不是一个层面上的内容，情感是不讲原因的，仔细想想如果有人有一天果真对你说："我因为你有钱，所以爱你""我因为你年轻，所以爱你""我因为你有地位，所以爱你""我因为你听话，所以爱你""我因为你成绩好，所以爱你"……你会发现什么? 这简直是很可怕的爱! 更可怕的是：我们曾经多次地向孩子表达过这种很可怕的爱! 对不!

雅心提示

　　爱是一种感觉，感觉的东西通常是没有因为，只有所以的；至少目前尚不能诠释爱的因为，因为里面有太多的"场因素"的影响。

廉政爱——不讲精明不盘算

爱情切忌拿着算盘去计算，那只会将爱越算计越少，越计划越穷。

　　对于孩子的爱也是如此，若勤于精明算计，你将失去对孩子最珍贵的培养。

　　一位老农民对他的孩子说过这样三句话：第一句是"好好学吧，我和你妈没本事，就指望你了"，这句是送给了孩子责任，还有信任；第二句是"我和你妈会写的字一共加起来才六个，你怎么都比爸妈强"，这是送给了孩子自信；第三句是"考好考坏都不怕，你就放手闯吧，无论咋样咱

还有个家，这个家门永远为你开着，实在不行，回家来怎么也有碗饭吃"，这是无条件的爱与支撑，这也就是爱的能量。这位农民的孩子就这样被农民父亲送进了北大。

相较而言，多数的父母则会倾尽物力财力，然而最后却将孩子教成了"仇家"，看看他们的三句话：

第一句话是"宝贝，你只管好好学习，其他的事情不要操心"。这是掠夺了孩子拥有责任的权利，这个权利包含信任与力量。如果你的孩子没有责任心，那一定是做家长的我们将孩子的责任掠夺了。第二句话是"我怎么就养了你这么笨的孩子，妈妈那会在班上学习从没掉过前三，可你都没考过倒数第四以上，我算失望了，吃屎都抢不上热的"，多么不公平的对比，这就打压了孩子的自信。第三句话是"听着，考不好就别进这家门，我跟你丢不起这人！"这分明是势利、分明是功利。

由此可见，会不会做父母与学问高低没有直接关系；能不能做好父母与家庭经济实力无关，而是与爱的纯度有关。老农民的那三句话，父母都会讲，但却不肯讲。为什么？因为你们没有纯到那种"简单"的程度。

如今有太多父母对这个社会、对自己、对自己的孩子有太多的不放心，太多的不信任，一次偶然就会让孩子沉入万劫不复的深渊！

父母朋友们，你们的爱的纯度有多少呢？

　　会不会做父母与学问高低没有直接关系；能不能做好父母与家庭经济实力无关，而是与爱的纯度有关。

洗洗爱——患难之时见真爱

有位父亲的瞬间故事对我很是震撼：德国一家电视台征集 10 秒钟惊险镜头，这镜头出来后大家先是好奇议论，之后每一双眼里都浸满了泪水，毫不夸张地说：德国在那 10 秒钟后足足肃静了 10 分钟！镜头上展示的是一位扳道工父亲，火车已进站了，突然这位父亲发现孩子正在铁轨上玩，眼看就有和火车相撞的危险，怎么办？一面是千万人的生命，一面是自己的儿子……这瞬间，只听得这位父亲威严地冲儿子大喊一声："卧倒"，只见儿子做了个漂亮的卧倒动作——那小小的生命卧在铁轨中间……车上的旅客并不知道此刻发生了什么事情，更不知道此时有个人生抉择正在艰难地进行。记者采访后得知：这是位普通的不能再普通的扳道工，他没有什么特别之处，唯一的优点是忠于职守，没误过一秒钟；然而他的最大特别和又让人意想不到的是他的那个儿子是个弱智！因为弱智，孩子的母亲弃他们而去，这位父亲很平静也很快乐地既当妈又当爸地带着自己的儿子，这个"卧倒"动作是他与孩子玩得打仗游戏中做得最出色的动作。

雅心提示

爱一个聪明的孩子，这是通常的能量，不足挂齿；然而能如此静静地守着、爱着自己弱智的孩子更难得，这才称得上是真正的爱！

践行爱——爱在自由里

有些父母认为玩物丧志，因此限制了孩子自由自在的玩耍。其实，玩物并不一定丧志，孩子在玩的过程中能够学到一些课堂上不能学到的知识。镜像神经元理论证明孩子具有高度天赋，可以无师自通。那么，孩子无师自通源于哪里？源于孩子自由自在地玩耍。

引燃天赋需"三一法则"，即自发力、领悟力、创造力和一个自由天地的土壤。

有研究表明：越是接近自然状态的教育，越容易发挥孩子们的天赋。正可谓"天然出天赋"，在比较自然的状态下，可以最大限度地发挥孩子们的"自发性"、"领悟力"和"创造力"。"自发性"是指孩子们不需要大人帮助或督促而自行进行的，可以表现为"发呆式"的专注琢磨，有模有样的"表演"。"领悟力"是指孩子们在没有大人教授的情况下，能够"突然"地把不同的东西联系起来，找出它们的共同点，或者发现事物现象"背后"隐藏的东西，具有一种"洞察天机"、"茅塞顿开"的奇迹。"创造力"是指孩子们在"自发性"和"领悟力"的基础上，说出、唱出、写出、画出、做出、表演出了与众不同的、新意的新异产物。市场法则看重"差异化"，因而创造力更为"抢手"，而学生成绩更突出表现的是"复制能力"。这同学历不等于能力，学业状态不等于生存状态、生活状态，成绩不等于成就一样。由此，我们或许会隐约地感觉到：创造未来"抢手"人才是需要能量与胆量的。

三力是孩子天赋里的三维度，也是考察镜像神经元是否发挥作用、是否活跃的三个最基本的方面。实践证明，在孩子自由活动的时候，这三大能力比较容易表现出来，而在硬性规定的学习任务当中，孩子很少能够表现出这些能力。所以对于玩耍要多宽少限，在孩子自由自在的玩耍中发现天赋所在，这既是爱也是慧。

雅心提倡"四近培养法"。"四近培养法"即"近本得根、近源得力、近初得纯、近地接气"，也就是说，教育越接近本质的东西越易固根，教育接近源头易于收获力量，教育接近最初的美妙容易得到纯净的产品，教育接近自然很易接地气形成气场！法国大教育家卢梭在教育上主张，教育的目的在于培养自然人，反对封建教育戕害、轻视儿童，要求提高儿童在教育中的地位；主张改革教育内容和方法，顺应儿童的本性，让他们的身心自由发展。比较先天与后得，不难看出："出自造物主之手的东西，相对于后育要纯正的多。""人之初，性本善"，人生来是善的、心灵是纯洁的，但是，历经社会的诸多"碰撞"会产生些许邪恶。因而"乡村自然教育论"认为：城市相对多陷阱，儿童更应该在乡村中、在大自然里接受教育，远离城市的罪恶，以此保护儿童善良的天性。

雅心提倡"儿童化教育"。即关注儿童的天性发展，关注儿童与成人的区别，以"儿童化教育"教育儿童。也就是用儿童的语言对儿童的语言，以儿童的游戏代替成人的活动，以儿童的心理呵护儿童的心。这才是儿童教育，人本教育，自然教育。实践证实：儿童化教育是儿童最为喜欢也是最易达成的教育。

雅心提倡"爱在自由"教育。即让孩子有正常的自我选择、自我计划、自我愿望、定时的自我表达、独立的自我空间、科学的自我生活、适当的自我放松、自由活动、自由体验、自由表演等发展成长权力。避免过多的局限：交友局限、兴趣局限、活动局限、选择代替、行动包办、隔离自然、游戏限制等。我们的教育是帮助、是辅助，绝不是替代。

切忌只给孩子"华山一条路"，因为那样很容易将孩子送进绝路；人生不可能"金鸡独立"，一个支点撑不起人生，要有综合能力就要综合培

养。所以，需要自由空间，需要父母们有胆有勇打开"心路"，只有家长心路通，你孩子的人生才会"路路通"。

哪怕是端一只空碗，如果要求一动不动，一天下来，我们就得进医院。更何况至少二十年的课业负累呢。教育报有则消息称：南京夫子庙小学近日对 120 名小学生进行了一次小调查："学习快乐吗?"有 60% 的学生回答"不快乐";"你怎么安排自己的双休日呢?"有 57% 的同学回答"上培训班、补习班"，有 32% 的学生回答是做作业。如此一来，孩子的身心健康状况，连带家长的身心健康状况令人堪忧!

雅心 提示

如果孩子被送进监狱，没有了自由，我想所有的父亲母亲都不会无动于衷! 然而真到了自己这里，怎么就糊涂了? 知错犯错，变本加厉，比比皆是。如果你还够智慧，就及早醒悟，饶过孩子也饶过自己，放松孩子也放松自己。让你的爱活在自由里!

呵护爱——小心呵护那颗成长的稚嫩的心

知道吗? 那颗能支撑我们几十年的四两之心有时很脆弱，所以需要我们用心呵护。

呵护之爱要坚持九做到。一要做到"怜";二要做到崇拜;三要做到爱在赞美;四要做到体谅;五要做到自由空间;六要做到肢体爱;七要做到低头爱;八要做到尊重孩子;九要做到支撑孩子。

1. 怜爱孩子的无助

例如，我曾经教给我的小孩打理书刊超市，有一天孩子很委屈地对我说："有个小孩子哭闹着要漫画，他妈妈死活不肯买，我就送了那个小孩一本，可是他妈妈非但不高兴，还狠狠地打了她家小孩，我想不明白，她至少该对我说声'谢谢'！为什么我送他们书籍他们也不感激?"我知道这件事对孩子很有伤害，于是，我追了出去，找到了那位妈妈，并诚恳地对她说："我也是一位母亲，我不想让我的孩子以为这个世界人情太冷漠，我希望让我的小孩看到这个世界是充满感恩的，我希望孩子对世界、对社会有个积极的态度与认知。所以，恳请您……"于是那位妈妈又回到了店里，专程对我的小孩表示感谢！有个叫蕾蕾的女孩子说："我刚刚有点进步、有点信心就被我爸的一句批评弄得信心俱失。"所以，父母一定要小心呵护孩子那颗稚嫩的心。

2. 有时需要崇拜你的孩子

如果你以崇拜偶像的心情去崇拜你的孩子，你会发现有时候你的孩子能做许多事情，这种时候通常孩子的言行也会给我们很大的鼓励。父母与孩子互相作为偶像，看到自己最好的地方，也给予对方同样的尊重，哪怕天下所有人都看不起你的孩子，你也不忘赞美他、拥抱他！

3. 要做到爱在赞赏

家长的作业是鼓励您的孩子，一天至少对三个人说赞美小孩的话；无论孩子情况多么糟，父母都要努力去赞赏自己的小孩，只要你能坚持，总能找到小孩的可爱！中国南方的家长不允许孩子用手指月亮，而美国的一个孩子却因此受了母亲的鼓励成了登上月球的人，那个人就是阿姆斯特朗，小时候他对妈妈说：妈妈我要去那里；母亲说：那你去过之后，一定要记得跟我讲那里有多漂亮，还有不要忘记回来吃晚饭哟！

4. 要做到体谅

我们可以试想一下：爸爸心情不好的时候可以在阳台上抽一根烟，妈妈心情不好时可以去商场血拼。可孩子呢？我们大人好在有个双休，可是这双休对于孩子来说成了双忙，而且一学就要二十几年，一直这样紧张，一直这样恐慌，这将是一种怎样的无助！

5. 要做到自由空间

自由是力量，自由是一种爱，自由更是一种信任。如何给予孩子自由？可以是一个抽屉、一个书桌，有他们自己的日记，自己独立的活动，有个小房间当然更好。记住：孩子的个人空间是不可侵犯的。

6. 要做到肢体爱

肢体语言比说出的话更有效；人是有肌肤之渴的，所以我们要经常性地给予孩子肢体的爱抚。

7. 要做到能低头

也许会有很多家长认为：向孩子认错是丢面子的，其实错了就是错了，这是其一。再者能向孩子以适当的方式在适当的时候以适当的语言认错是父母的一种高姿态，是一种教育的平静与恬淡，更是家长赢得自己面子的方式之一；这样孩子才可能亲近我们、信任我们。一个能改变自己的家长才是一个合格的家长，才能培养出合格乃至优秀的孩子。

8. 要做到尊重孩子

尊重孩子就不要用负面的方法评价他，否则孩子会以为自己真的就是那么笨；要时刻给孩子灌输正面信息，而不是负面信息。

9. 要做到支撑孩子——爸妈是你永远的后盾

什么是家？就是有个人在门口燃着一盏灯等你回家。家要多大？家只要一个拳头那么大，也就是只要一颗心即好！作为父母要放宽一些，让孩子能舒心，孩子舒心你也自然舒心；作为父母要轻些慢些，不要弄碎了那颗易碎的心；作为父母要懂孩子的心，知道他们的喜好；作为父母不要太压制孩子，以免他们逃掉；作为父母不要心急，要耐心找准孩子最佳的时机出航。作为父母，永远是孩子坚强的后方；作为父母，你们是天是地，你们一定要让孩子相信：风浪再大都不怕，他们有个温暖的家。你为孩子准备了那个家吗？

雅心提示

　　呵护之爱要坚持九做到。一要做到"怜"；二要做到崇拜；三要做到赞美；四要做到体谅；五要做到自由空间；六要做到肢体爱；七要做到低头爱；八要做到尊重孩子；九要做到支撑孩子。

第二章

审视自己的"评"：零距离看"笨小孩"

其实家长们口中的"笨小孩"是指其显性特征，也就是外部特征。他们通常表现为六大类型：假意型笨小孩、暂时型笨小孩、标签型笨小孩、惊吓型笨小孩、形象型笨小孩、迟缓型笨小孩。其实没有笨小孩，只有"笨父母"，只凭借自己的心理臆想与情绪臆想就将孩子"偏面否定"。

父母眼中的"笨小孩"

父母们情急之下常易脱口而出"你笨呀！""我们家的孩子好笨""你怎么这么笨"等刺激性评定。如何面对、如何教育让家长性急的"笨小孩"呢？"笨小孩"是不是真是家庭教育的灾难？雅心可以肯定地告诉你"上帝为你关闭一扇门，一定会为你打开另一扇窗""水深流缓、人贵语迟""大智若愚""大器晚成才是真成功"。只是这特殊的礼物非一般人莫属，需要家长的慧眼，需要家长的相当功力及持久的等待。如何扬长避短、如何发现并造就"大智慧"的"笨小孩"？要做到真正了解"笨小孩"，才能不盲目地悲观、不盲目地教育。

让我们头痛的"笨小孩"通常是指"四后一错"的孩子：

一在后（差）：学习成绩差、学习效果不佳的孩子。

二在后（缓）：语言和行动迟缓的孩子，有些孩子表现为口吃。

三在后（慢）：反应总比别人慢的孩子。

四在后（钝）：反应迟钝、缺少灵气的孩子。

五有错（错）：结果总出错的孩子。

从表面上看这些孩子通常是眼动较慢、眼神较憨、语词量少、语速较慢、有时会伴有口吃现象、动作迟缓、表现欲比较差、反应不活跃、不轻易表态、不善结交、经常被人家欺负、有时会发呆、会盯住一处长久不动、有些小孩会自言自语等。其实在家长眼中"成绩差"是"一票否决"的标准。

认识"笨小孩"就要熟识"笨小孩"的六大类型：假意型笨小孩、暂时型笨小孩、标签型笨小孩、惊吓型笨小孩、形象型笨小孩、迟缓型笨小孩。

假意型笨小孩：此类型笨小孩并不是真正的"愚笨"，他只是给人一种错觉，因为更多的时候是"性格遮掩"，比如过于内敛的孩子很容易表现出迟与缓，因而很容易被当作"笨小孩"；另外，有些孩子会有意遮掩自己的锋芒，这种"笨小孩"是"大智若愚"型，是了不起的潜力股、发展股。

暂时型笨小孩：不是长久的"笨"，这种类型的孩子往往是厚积薄发、会给人一夜长大的感觉，对于此类孩子，父母不可过早地下结论，更不可因为急而伤害孩子。

标签型笨小孩：通常是家长错误地给孩子命名"笨"或是被老师命名"笨"，这种"笨小孩"会因家长及老师的"标签效应"导致自己真的变笨，是值得引以为戒的类型。

惊吓型笨小孩：这种孩子通常是因为父母的惊吓、生存生活环境的安全感的缺失、父母教育中的方式方法的粗暴阻碍了其思维，也抑制了其智力的成长。例如，父母或是老师越凶孩子越发傻的情况就属于此类情况。此类情况多发于低年龄段的孩子，智力尚在发育中的孩子很易被吓"笨"的。

形象型笨小孩：此类笨小孩表现为眼神不灵光，语词缺乏，语调低，语速慢，动作缓，主动性差，有时会伴有口吃。有时形象会松松垮垮，神情常会出现走神、发呆，不及时回应他人。

迟缓型笨小孩：此类孩子主要体现在动作反应的缓慢上。

其实所谓的"笨小孩"只是家长们的"臆想标签"，之所以出现这种现象是因为家长不够自信，不相信自己，也不相信自己的孩子。

家长臆想出来的"笨小孩"实质上是不存在的，就像地球上本没有经线、纬线一样，只是为了研究的方便而假想出来的"地球坐标"而已。同理，我们的"笨小孩"也是这样"编撰"出来的，在此就将这些可爱的孩子们称为双引"笨小孩"吧！

"笨小孩"的外特征

其实家长们口中的"笨小孩"是指其显性特征，也就是外部特征。什么是外部特征？就是显露在外的，能力不如父母意愿的一些特征。这些特征可归结为"四无一错"。

所谓"四无一错"就是没有灵气、没有敏锐、没有速度、没有效果，经常出错。

没有灵气：常常体现在反应上，老师或是家长的问题总是半天反应不过来，其实这只是外在，有时或许是孩子不敢讲；有时或许是孩子比较内敛；也或许是孩子有意隐藏自己的观点，希望"多听少讲"。

没有敏锐：就是对人对事，对问题的见解很平常，表现出的能量也是一般般，没有杀伤力。其实这从另一个角度上讲，反倒是一个优点、一种美德。人生其实给别人留出退路，自己也一定有路走，嘴下留情、嘴下留德那是很划得来的事情，让人很受用的待人接物。所以通常的"笨"是一种最好的保护、一种最好的生存发展方式。

没有速度：我们知道"急于成长的葡萄准酸，急于成长的故事准涩"，同理，太急于表现自己的人一定不是一个成熟的人，一个做事周全的人，太追求速度易于出漏洞；太速度很易让人感觉强势。我曾经结识的几位老总，也是几位生意合伙人，之所以没能走下去就是因为她们的"速度"太快：她们说话速度快；做事动作快；脾气来得快，当然消失得也快。虽如此，但总是给人一种"心慌慌"的感觉，一如看鬼片。一次演讲比赛终场后，人们更多的是对末等奖者表现了认可，因为大家都认为得奖的那几队的队员们实在有些"张牙舞爪"，正如我们通常所讲的"有理何必要声高呢！"许多时候我们觉得自己很激情，但是如果我们能反观自己当时的情态，实在是自己都看不下眼。速度本身就是"强"，"强势"对人是很有杀伤力的；同时，速度很有张扬的味道，张扬更是让人反感的性格。从此意义上讲"笨"倒是多了些许可爱。可爱当然比聪明更重要！

没有效果：就是学习不见成效。"慢火"成长的孩子，一如人的记忆力，有人记得快也忘得快，有人记得慢也忘得慢；对于"慢火"的孩子，所有要走进他们的事与物都不会很快地接受，但是，一旦接受就不会轻易

放弃。这就像肉鸡很快就会炖熟，而笨鸡却要炖很长时间，但却很好吃，因为很入味。所以，慢火出来的往往是很有味道的。这也就是我们"笨小孩"的优势。

家长们口中的"笨小孩"是指其显性特征，也就是外部特征，也就是"四无一错"的孩子——没有灵气、没有敏锐、没有速度、没有效果，经常出错。

"笨小孩"的内特征

"笨小孩"不可怕，可怕的是"笨父母"。什么是"笨父母"？就是只见外在不见内在，只凭借自己的心理臆想与情绪臆想就将孩子"偏面否定"，这才是真的笨，真的傻。如何做明理开明的父母，如何智慧地进行教育，这就需要了解"笨小孩"的内特征。"笨小孩"的内特征有哪些呢？"笨小孩"身上有着通常孩子身上所少有的闪光点，在此称为"五朵金花"。

第一朵金花是"有德行"：表现为"四有"，即有谦让、有体谅、有宽、有容。

第二朵金花是"有耐性"："笨小孩"能在不被重视的"无养地带"里生活与学习，这是何等的耐性！一直等待着自己结束学业可能都没法得到一次"被欣赏的感动"。虽然很伤感，却是美丽的花。

第三朵金花是"有坚忍"：能够耐得住寂寞等待成功，在漫长的不被重视的乃至冷漠中一直静静地候着，那是何等的"坚"，又是何等的"忍"，如果我们能设身处地，想想那些成绩不如意的孩子们的日子、想想那些我们称之为"笨孩子"的孩子的日子，心头其实很酸。想象不出这样漫长的日子里他们该怎么熬呢？

第四朵金花是"有知足"："笨小孩"们很易知足，他们从小就知道了"人轻言微"的道理。所以，给他们一点点的暖、给他们一点点的热，他们都很容易感激。从这一意义上看，这些孩子很容易感恩，他们不会将父母为他们所付出的一切当成是理所当然，他们也不会自私，他们很收敛、处事往往很小心。虽然这种情态想想我们都锥心，但是，这对孩子的成长来说的确是件好事。因为这培养了孩子的"厚道"，"厚道"即为"道德深厚"的意思，有这样深厚的道德底蕴的孩子，难道不是很有价值的财富吗！

第五朵金花是"有潜力实力"：根据平衡理论可得，人生的受量是个定数，成败也是个定数，少年风光老年通常惨淡，少年磨砺老年通常作为，也就是说"上帝为你关上一扇门，必会为你打开一扇窗"，从此意义上讲，"笨小孩"们往往是风光在后，潜力在未来。

所以，我们不可小看当下"默默无声响"的"笨小孩"们。

雅·心提示

　　"笨小孩"不可怕，可怕的是"笨父母"。"笨父母"就是指只见外在不见内在，只凭借自己的心理臆想与情绪臆想就将孩子"偏面否定"，这才是真的笨，真的傻。

第三章

说服自己去"容":容纳你的"笨小孩"

人的心有时好大,有时又很小。我们可以容下对于孩子的一生的牵挂,但却容不了孩子的一个小小的休止或是长音。形象地说:我们有时不是难在了远处的高山,而是难在了脚下的一粒沙子。所以,作为家长需要把心放宽,这是一种能力,这种能力的原动力是"爱"。

作为父母要知道每个孩子都是独一无二的生命。父母千万别拿普遍的标准来要求自己的孩子,那样孩子将失去其独特的个性。

守护"笨小·孩"要有三容心

如果说孩子是船,父母即是水,水要能让船航行,一定要有"量"。怎样才能有量?简单来说就是将我们的"海"放大,我相信天下的父母绝不会说:"还是让孩子将船变小些吧。"所以,如果你够爱就改变自己、放宽自己!道理就这么浅显又简单,可是不知道多少年来,也不知有多少家庭却一直在要求着孩子"将他们的小船变小"。其实放宽很简单!心本不大,但心又好大。我相信家长看了这段话会醒悟!

什么是守护"笨小孩"的三容心呢？就是容己、容子、容人。也就是说，家有"笨小孩"的家长们，要学习对自己的宽容、对孩子的宽容、对他人的宽容。

1. 容己

能够容孩子，前提是能够先容纳自己，一个对自己都不能够宽容的人如何去宽容孩子、宽容他人，所以容己是前堤。怎样做才算是容己呢？

第一，退出虚荣桥。虚荣桥就是朽木桥、独木桥、冰冷的桥。这座桥是很危险的，稍有不慎就会跌入急流，被世俗淹没。站在这条桥上很容易让你的天地越变越小、越走越窄，所以这桥是独木桥。这桥上的人都是很自私、很势利的人群，没有人情冷暖，有的只是歧视；上了这桥就是走错了路，就会与教育的正途渐行渐远，所以是危险的。

第二，退出攀比沙漠。攀比是一种欲望，是一种不正的欲火，被欲火炙烤着的人就如同在沙漠中一样，所以一旦走进了攀比，就等同于进了沙漠，我们家庭就会没有了滋养的绿洲，我们将丢失生命最根本之源。

第三，拒绝盲从。许多的父母明明已经知道自己错了，可是却不能停下来。他们讲"知道这么全程补课、全科补课没有实际意义，可是人家都补的呀""知道孩子虽然现在不够优秀，但以他的德行将来应该不错，可是现在是以分数定等级的呀！"其实许多家长的教育行为自己根本就没有用心考量过，只是看到人家都在这么做，于是也就跟着这么做了。我们所说的"应试教育及应方式教育的问题"的根本在哪里？就是被家长的虚荣心、攀比心及盲从心妙作出来的产物。我认为这就是一个怪胎，一个"家庭教育妙作的怪胎！"

家长们若能够放下虚荣心、攀比心与盲从心，就能大有发现、大有所得，你的教育肯定会有滋有味、丰富多彩、幸福无比。所以，家长急需先饶过自己，宽容自己。别让自己的心挤在那里去受罪了。作为父母的心能

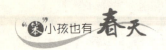
够解放、能够春天，我们孩子的心才可能解放，才可能有未来，有我们"笨小孩"的春天。

2. 容人

就是对别人的宽容。为什么要容人呢？第一，我们的教育离不开相应的环境；第二，只有我们做到了，对我们的孩子才有说服力；第三，我们教孩子"容"就是通过对他人的"容"来示范，这就是教育。容人表现在家庭成员之间的容，比如父亲与母亲之间，父母与隔代人之间，父母与家庭的其他成员之间，以及父母与社会成员之间。父亲母亲能够容就是为我们孩子构建的宽松的氛围，让孩子体味着轻松与和谐。

3. 容子

就是对孩子的容纳。父母一直将宽容挂在嘴边上，可是事实上又有几位家长做到了真正的宽与容。例如我们的孩子考了个满分与考了个不及格，你的态度能否一样？我们的孩子考上了重点与考上了普通，你的态度是否一样？目前许多地方流行"办升学席"，我在想：有哪位家长去为落榜的孩子办个酒席，希望他就此坚强！再者，实在想不出来要为孩子办酒席的理由，这种现象实在不是"荣光"，而是"出洋相""为自己出丑"，就如许多父母为自己的孩子办生日酒宴一样，就等于将孩子往"坏"里教，带着孩子往"缺德"的路上走！因为孩子是不可以如此消费的；即便是庆，也需要给母亲庆，因为多少年前的今天是母亲的受难日！考上一所好学校，孩子应该感恩父母！如今的父母真不知都怎么了：睁着眼睛带着孩子往火坑里跳，给自己埋下了伤心的种子！对此，我们不讲同情。

雅心·提示

如果说孩子是船，父母即是水，水要能让船航行，一定要有

"量"。守护"笨小孩"的三容心就是容己、容子、容人。也就是说,家有"笨小孩"的家长们,要学习对自己的宽容、对孩子的宽容、对他人的宽容。

有时候,"笨小孩"只是"慢小孩"

现象一:为了让孩子赢在起跑线上,父母们没少费心血,很多家长都不惜重金让孩子参加各种培训班——钢琴、绘画、舞蹈……然而,有很多孩子并没有像家长所期望的那样多才多艺,而是表现的比较"笨",各门功课都不理想。于是,有些家长哀叹家有"笨小孩",并为此苦闷不已。

现象二:很多家长认为只要自己的孩子较同龄孩子"差、慢、缓、钝",自己的孩子就是个"笨小孩"。其实有时候,"笨小孩"只是"慢小孩",孩子学习速度慢不等于是"笨小孩",我们不能用一把尺子去衡量所有的长度,比如量头发丝的粗和量跑道的长指定不能用一把尺子,那么对于不同孩子的衡量标准也是不同的。因为人各有长短,有长也必有短,将自己的孩子臆想成"笨小孩",其实是在拿自家孩子的短板与别人家孩子的长板作比较罢了。这是不公平的,不公平的一定就是不正确的。我们来分析"能力":一个人的能力有多项,不止是"速度、敏度、灵气度、锐利度"的比拼,这充其量只是个量化的标杆。按记忆力来讲,有人记得快忘得也快,有人记得慢但忘得也慢,而且记忆力仅是从智力水平上谈,智力在成就的因素中并不是主要的因素。从情商水平上看:比较慢热的人通常温度是恒长的。比如北方人与南方人的区别就如此:北方人情绪来得快但是去得也快,而南方人对情感的认可是不轻易来也不轻易去的。分清"慢与笨":不能当堂学会老师传授的知识,作业不能按时完成的孩子随处

可见，他们的共同点就是做事情没有什么积极性，动作拖沓。而家长看到此类情形就着急，反复教育，但教育效果甚微，于是就会怀疑孩子的智商，认为孩子笨。其实这是"慢孩子"的表现。

1. 什么原因让孩子变成了"慢小孩"

慢小孩有四种成因，分为包办依赖型、无趣信号型、缺乏信心型、家长过急型。包办依赖型"笨小孩"：因为家长包办替做剥夺了孩子的自立，从而造成了孩子的依赖："反正爸爸妈妈（爷爷奶奶）会帮我做的。"无趣信号型"笨小孩"：因为家长安排任务给孩子时，没有关注到"任务"的情趣点，任务的兴趣点，而是将任务变成一件苦差事，痛苦地表达痛苦的任务要求，从而让孩子失去了对"任务"的兴趣。兴趣是最好的老师，孩子尤其如此，于是孩子自然会以"慢"来表达他们的不情愿，发出这种信号，其实是为了让父母明白：你们要换个方式我才喜欢！作为父母，你们懂孩子的信号吗？缺乏信心型"笨小孩"：因为家长对孩子的要求比较高，孩子犯错的时候常常会受到指责，因此孩子失去了做事情的信心，认为自己不做就不会出错。家长过急型"笨小孩"：很多做事情慢的孩子，是被家长催出来的。有些家长总是要求孩子言听计从，希望孩子收到命令后能够马上行动，催一次不管用，就接连不断地催，慢慢地，孩子养成了忽略催促的习惯。当家长很不耐烦的时候，孩子才会敷衍一下，如果家长催的不急，他就认为没必要着急，反正家长会继续催的；其实这种情形的"笨"孩子问题不在孩子而在家长身上，家长的"急"让孩子的思路一直不能很好地集中，从而导致经常地被打断。所以，家长要学习"勿急"，学习"勿扰"。

2. 如何让"慢小孩"不慢

那些看上去一副笨笨的、慢吞吞的孩子着实让家长们头疼，那么如何才能让"慢孩子"不再慢呢？

慢孩子"五助法"：一助是带走法，二助是激励法，三助是约束法，四助是留余法，五助是给力法。第一助：带走法，多教方法，少去抱怨。孩子做事情慢，家长不要抱怨孩子慢、事情做不好，要引导孩子将事情做好。抱怨最要不得，不仅于事无补，还会打击孩子信心，更会影响亲子关系！家长们，我们有那么多的气力、时间去抱怨，为什么不能有时间去训练孩子呢？如果您的孩子跌入河中，您是伸个竹竿马上救他，还是不停地发泄情绪、去抱怨呢？所以，少讲理论多做实事，就是直接带着孩子做的"操行方案"。而且这个时候家长一定是"帮助"而不是训斥！第二助：激励法，设立奖励制度：制度制定一定要循序渐进，不要过猛，要让孩子稍加努力就能有所进步，而且要配以不同等级的鼓励；计划要订宽，努力要抓紧，也就是要"宽为限、紧为功"。第三助：约束法，时间契约制。孩子做事情的时候给他规定完成的时间。可以把总的完成时间分为几个小时间段，然后每段时间做一次鼓励。第四助：留余法，即给孩子定任务时，任务要适度，留有空闲。有些孩子做事情速度慢，家长越是催促，孩子越是惊慌失措，反而更慢了。所以，在给孩子布置任务的时候要适度，多激励，少催促。多从正面引导孩子，比如当孩子完成任务的时候，家长可以说："你如果速度再快点就更出色了。"孩子受到正面的激励后，就会在下次有意识地提醒自己加快一下速度。第五助：给力法，多给撑力少给压力。

冰冻三尺非一日之寒。"慢小孩"的问题不是短时间内就能解决的。要想"慢小孩"变快，没有立竿见影的方法，需要家长找到正确的方法慢慢引导，培养孩子的"快"。在这个"速度制胜"的年代，我们一定不要把自己的孩子教成"慢小孩"，更不能把"慢小孩"当成"笨小孩"来对待，毁了孩子的一生！

有些家长认为，孩子学习成绩不好是因为不用功；还有些家长怀疑孩子的智商有问题。其实关键是"愿意"，不能够做到是因为不能够愿意做，所以要想让孩子"智力"起来，就一定先让孩子静心，让孩子产生心理愿望！也就是说，孩子不能快是因为他不能够愿意做！因而先心理力，之后才是智力。我们常说"恨铁不成钢"，的确，恨铁如何成钢，钢是靠高温"炼"出来的。

能懂才能容

能够了解才能够包容。对孩子容的前提是了解，想做好家长就要了解孩子的身心发展特点及孩子的特质，懂得孩子的"愿与不愿"、"能与不能"，然后对孩子做到宽严有度。我们的小孩子生活在一个急剧变革的时代，未来及未来发展所需的一切都使得孩子有着远远大于我们家长曾经所受的教育，特别是心理承受力。因而我们需要按照当今社会的需求，按照孩子不同时期的不同需求施教，这前提就是"能懂"。

1. 我们要宽待"笨小孩"的原因

宽待"笨小孩"的原因有三：一是智力发展需求，二是心理发展需求，三是亲情关系需求。

①从智力发展需求上看，所有人的发展都是"从感性到理性的"，思维喜欢"形象化、生动化、音视化"，思维文字化与抽象化是相当耗能的。从这一意义上看，孩子需要多接触生活、更多地走进丰富多彩的世界，所

以需要我们家长"宽"。比如让孩子多实践，允许孩子的"不守规矩"，允许孩子的"小破坏"，允许孩子的"小痴迷"。

②从心理发展需求上看，儿童期（从出生到 8 岁）是人类发育最旺盛、变化最大的时期。家长能够宽，孩子的发展空间就大，打个比方，家长放置了一个小倒盒子，里面放上"豆芽种子"，如果容器小一定会使豆芽的生长受限。孩子的成长也是如此，特别是心理方面，而且家长需要明白孩子的"心理受伤信号"。

③从亲情关系需求上看，能够在孩子需要时给予宽，这是一种仁爱。比如，同样是走一步，但进一步与退一步完全不同，这个时候的退是一种亲情抚慰，当然是合情合理的退。

2. 我们要懂"笨小孩"

心能是仅次于生命核能的大能量！一切都是从心开始。我们的"笨小孩"其实不是"笨"，很多时候是"暂时性心理受伤"。这个时候，我们的孩子需要的绝不是批评、指责，而是疗伤与呵护。对于"笨小孩"要做到"五懂"，一懂孩子智力发展成长规律，二懂"笨"的诱因，三懂"笨"的潜能，四懂"笨"的信号，五懂"笨小孩"的伤及疗伤。

一是智力的发展规律。智力发展规律就是从感性到理性，从形象到抽象。所以，小孩子的时候"形象材料"一定要备齐备足，还孩子一个丰富多彩的、不被"雨淋"的童年。儿童一般还不能给事物下抽象的定义，而只能下具体的定义，例如：食物是可以吃的，玩具是好玩的，书是用来看的等。学前儿童已经有了数量的概念，但是需要参照具体的事物才可以进行计算，很难进行抽象计算。

二是"笨"的诱因，这个"笨"不是真的弱智，而是外因导致的临时性"空白"，是完全可以"拯救"的，这些诱因通常有"家长急脾气""环境无意伤害""受到惊吓""杀伤力的评定"等。究其原因是家长没有

教育知识与能力，不具备教育资质——性格资质、健康资质、能力资质等。如果家长尚不能自控自己、尚不够健康，如何教育出一个健康的孩子？

三是懂"笨"的潜能，很难让人相信，"笨"孩子能够有超乎常人的潜能，人生能力是个平衡数，有多必有少，就如眼盲的通常是"心明眼亮的"，这叫生命的"补偿效应"。

四懂孩子的信号，孩子表现出的"笨"多半是一些暂时性反应信号，这些信号表明他们此时思维或是已被按下了"暂停键"，或是一种"情绪应答"，也就是孩子的表现会按着大人评定的方向去发展，在孩子的潜意识里是很在意家长的评定的，他们以为家长应该是"专家"。

五懂孩子的伤及疗伤，当一个人受伤之后，其无论是动作还是反应，一定会表现得相对差，所以，孩子的"笨"多数是受伤后的能力衰减。你懂你所说的你们家的"笨小孩"吗？

知彼知已方能百教不殆。你知你的孩子吗？对孩子容的前提是了解，想做好家长就要了解孩子的身心发展特点及孩子的特质，懂得孩子的"愿与不愿""能与不能"，然后对孩子做到宽严有度。

捍卫孩子独特的气质

差异化是市场需求，市场需求决定人才培养的方向。所以，我们需要看到孩子的独到之处，尊重孩子的独特，捍卫孩子的独特！

1. 孩子的独特表现

孩子有不同的表现：或像个小绅士，或是个小淑女，或者像只泼猴；或者从小做事就很有规律，或者从来都是信马由缰、没个准点……这不同就是孩子的独特气质。如果一个人没有特别的"所德所能"，无论是生存、生活还是发展都将很困难！人的宝贵是缘于"能人所不能，做人所不成"，也就是说"别人做不了的事情，你能够做"。

2. 对于孩子独特气质的误评

有些父母或者老师总会这样责备孩子："你怎么就是与众不同呢?""你怎么就是与别人两样呢！"显然这是家长或者老师在拿普遍性来要求孩子。如果他们不和"常人"一样，不符合那些"标准"就不被接受，不被喜爱。其实，这种做法（说法）是错误的，这是在抹杀孩子的独特性，而这种独特性，恰恰就是孩子独特的气质！

3. 认识孩子的气质

气质具有"恒常性"，即"气质"在后天环境的影响下虽然能够有所改变，但是与人的性格相比，它更具有稳定性，变化也比较缓慢。当然，你没法改变人的身材，只能改改衣服，加上或去掉褶缝。也就是说，你力所能及的只是消除所有的缺陷或把这些缺陷暴露出来，对孩子正确的教育能帮助你发现所有的缺陷。对于孩子的气质我们不要试图改变它，而是要努力捍卫孩子独特的气质！在保持孩子气质特征的前提下，提高孩子的气质。

认识孩子的气质有"九大维度"：一是活动性维度，二是规律性维度，三是趋避性维度，四是适应性维度，五是敏感性维度，六是强度维度，七是情绪性维度，八是分心性维度，九是持久性和注意力维度。

第一，活动性维度。分为高活动性与低活动性。高活动性的儿童总是

很活跃，动作速度快，喜欢户外活动；低活动性儿童做事总是慢慢地、静静地，更喜欢像画画和看书这样安静的室内活动。

第二，规律性维度。规律性强的孩子总是自觉地在每天固定的时候做着相同的事，在同样的时间起床，在同样的时间吃饭，等等；规律性低的孩子日常生活没有规律，父母需要不断提醒他们做事情并猜测他们什么时候饿了或是想睡觉。

第三，趋避性维度。指儿童遇到新异刺激时最初的反应。高趋向性的儿童表现为喜欢新事物，对陌生人微笑，去新幼儿园很快会交到朋友；高回避性的儿童表现为当遇到陌生人或新事物时，会躲到爸爸妈妈身后，表现得内向、羞怯、退缩等。

第四，适应性维度。指对新的或是变化的环境的反应。高适应性的孩子适应能力很强，刚接受一种食物他可能不喜欢吃，可试过几次以后，他就愿意吃了；低适应性的孩子表现为可能他已经适应了幼儿园的生活，但一次感冒在家待了几天以后，他又不愿意去幼儿园了，有些孩子甚至对于换衣服、换新学具玩具都表现得极大不适应。我的弟弟就是这样一个"笨小孩"，小的时候每次母亲要让他换衣服时，他都会死死地护着自己的衣服，最后总是要挣到被我母亲掐才肯放手。

第五，敏感性维度。指引起孩子反应的刺激的强度水平。敏感性高的孩子总是第一个感觉到有奇怪气味或气温有变化；敏感性低的孩子即使玩的时候屋里的一盏灯灭了，他也不会发觉，而是继续游戏。

第六，强度维度。是指儿童在反应中倾注的精力的多少。高强度的儿童表现为如果他在玩钓鱼玩具时总是钓不到，他会非常生气地大叫并把鱼竿儿扔得很远；低强度的儿童遇到上述情况会静静地离开表示自己不愿意再玩了。

第七，情绪维度。指积极情绪占主导还是消极情绪占主导。积极情绪为快乐、高兴、友好等；消极情绪为难过、不高兴、哭泣等。

第八，分心性维度。指外部刺激干扰或改变孩子正在进行的活动的容易程度。高分心性的孩子在超市里可能有这样的表现：刚开始总缠着妈妈要饼干，但很快就被其他好玩的小东西吸引去了；低分心性的孩子表现为本来全家要出去玩，可天下雨了，他会一直抱怨不做其他事情。

第九，持久性和注意力维度。持久性是指孩子不顾各种外在的阻挠和干扰而坚持进行活动的能力；注意力是指在没有干扰的情况下孩子从事某项活动或坚持某项工作的时间长短。高持久性和注意力表现为他玩积木已经有一个小时了，但丝毫没有结束的意思；低持久性和注意力的表现为他开始想学画画，试了几笔就没兴趣，跑去玩别的了。

雅心提示

　　气质没有好坏之分，世界正是因为多样性的存在，才显得异彩纷呈。所以，家长不要按照自己的审美标准去强行改变孩子的气质。家长所要做的就是把孩子独特的气质朝着良性的方面引导！

教育孩子从尊重他开始

教育孩子首先要避免忽视尊重的行为。改变错误，其实就接近了正确，这就是"不为而为之"。不为是而为的前提，因而尊重孩子首先要做到不为的"三勿"，一勿是不要自以为是；二勿是不要以大欺小；三勿是不要居功自强。一勿自以为是，就是认为"自己的说法做法是对的"，甚

至认为自己是出于好心就一定有好结果，好心可以代替一切。自以为是的家长会把孩子当作自己的私有财产，他们认为孩子必须服从自己的要求，一旦孩子的行为与他们的意志相左，或达不到他们的期望与要求，就会指责孩子，甚至拳脚相加，对孩子实施语言暴力、肢体暴力或是冷暴力。二勿以大欺小，就是总拿自己与孩子比，拿过去与现在比，认为小孩子必须顺从大人的教诲，否则便是不孝。这是比较上的不公平。三勿居功自强，就是家长认为自己为孩子吃了不少的苦，为此，孩子有义务绝对服从，即便是在"身心受伤"的状态下。这种态势必然造成家长的强势，而且会给孩子"家长很势利，爱是有条件"的感觉，从而影响亲子关系。

1. 学习尊重自己的孩子

学习型的家长才是合格的家长。如何尊重自己的孩子，不是我们对孩子说一句"我尊重你"就成的，也不是表白一句"我会尊重孩子的"就可以的；这要学习瑞典人的"三尊重"——尊重孩子的意愿、态度上平等、尊严的维护。一是尊重孩子的意愿。在餐桌上，孩子更有绝对的自主权。家长不会厉声呵斥，更不会逼迫孩子吃某道菜。家长只有解释权，告诉孩子这道菜含有哪些营养，吃后对身体有哪些好处，让孩子自己去选择吃或者不吃。瑞典孩子在家里，可以做任何自己喜欢做的事，就连穿衣戴帽这类小事父母都要听孩子的意见。二是态度上的平等。和孩子交流时瑞典父母也会蹲下身来，以便与孩子在高度上保持一致，意在告诉孩子：咱们是平等的。家长和孩子讲话时，大多会说："如果你能那样做，我感到十分高兴。""你能这样做，我们感到非常欣慰。"让孩子在父母指引的大框架下自由选择正确的做法。三是尊严的维护。瑞典人尊重孩子的最突出表现是从不在人前教子。瑞典人认为，孩子也有自尊心，如此护尊以利于孩子的自信心培养。去过瑞典首都斯德哥尔摩市普兰顿学校的人都知道，该校园内镌刻着 17 世纪英国著名哲学家、思想家、教育家约翰·洛克的一句名言:"父母越不宣扬孩子的过错,则子女对自己的名誉就越看重,因而会更小心地维护别人对自己的好评。若父母当众宣布他们的过失,使他们无地自容,他们越觉得自己的名誉受到打击,维护自己名誉的心思也就越淡薄。"这就是瑞典人尊重孩子的理论依据。这一依据其实中华民族早有提出:"扬人善即为善,扬人恶即为恶",教育孩子要努力做到"扬善避恶",孩子才能扬长避短!

2. 尊重孩子四做到

尊重孩子要遵循"四做到":一做到以孩子为主体,即在兴趣爱好、情感需求方面考虑孩子的需求;二做到保护孩子心理不受伤害;三做到看见闪光点:有意识地寻找孩子的闪光点,并予以认同鼓励;四做到扬长避短,对于孩子的缺点是以表扬优点的方式示意,孩子会明白家长的言下之意。

雅心提示

　　尊重孩子是对自己最好的尊重!不为是而为的前提,因而尊重孩子要首先做到不为的"三勿",一勿不要自以为是;二勿不要以大欺小;三勿不要居功自强。

别给孩子贴上"笨"的标签

教育无小事,处处皆教育!教育可以轻松,但绝不可以轻易!教育不是"为所欲为";教育不可以"随心所欲,随情所泄";教育是"说者无心,听者有意"。从这个意义上讲,教育其实是件极其严肃的事情。人总

是经意不经意地"乱定义""胡标签"。如果食物贴错了标签，人吃了会伤胃；如果药物贴错了标签，人吃了会要命的；对于孩子的教育，若贴错了标签是要毁掉孩子一辈子的。所以，要慎之又慎！

出于情急有些父母总会不经意地脱口而出"你真笨"，就像口头禅一样地冒了出来。对此，孩子是很在意的。一方面，这个"标签"会在小孩的心里晃来晃去，挥之不去，乃至是一辈子的伤害！这绝不是危言耸听，我们都经过小孩时代，都会记得家长或是父母给予自己的差评定，像刺一样很难从心里拿出来。于是有伤，于是伤亲情！另一方面，这个"标签"具有恶性的引导作用，孩子在潜意识里渐渐开始相信自己就是个笨蛋了；于是从认为自己笨的一瞬间起，眼神便暗淡无光，言谈举止也随之"笨"起来，一遇到问题，他首先想到的是：我很笨，我不可能做好的，还是让聪明人做吧！更可怕的是小孩甚至会想反正我已经笨了，再努力妈爸也不会高看我了，于是"破罐破摔"了，想不"笨"都难！一句不经意的话会深深地影响着孩子的心理健康，影响你与孩子的亲情，影响孩子的情商与智慧，会杀死你孩子的自信！这种爱就是伤害！就拿孩子的口吃现象来求证，雅心提醒：如果家长措辞不当，一定会影响到孩子的心理。孩子口吃的现象通常是心理问题，而非生理问题，口吃说明儿童早期受到了不适当的影响。还有多动症的孩子多自卑，这也是因为心理问题。多动症本身不会造成孩子自卑，但会造成他违反社会规范和一些规章制度，老师、家长会因此批评他、训斥他，造成他心理压力大，这会使他感觉自己做的不好，老是挨批评，时间长了，越来越自卑。因此，家长切记不要将你的小孩"说笨了"！

曾经一位母亲带着9岁的女儿来咨询，母亲说："这孩子总是不认真学习，贪玩，成绩又差，笨得要死。你给她测测智商看是多少，我也好心里有个数。"说着，母亲把身后的女儿推了过去。测完后我问孩子："告诉老师，为什么你不用心学习呢？"小女孩愣了一会儿才说："我笨呗。"我惊讶地问："谁说你笨了？"小女孩小声说："妈妈总说我笨，还总当着别人的面说。"其实这个孩子的智商是130。我告之了这位母亲："您女儿的智商是130，若是再高点儿就成超常儿了。您总给她戴'低能儿'的帽子，她自然就觉得自己笨了。"这位母亲听后，惊讶地张大了嘴巴，久久没有说话……

想想您是不是随意为孩子贴过这样的标签呢？这种标签贴上容易，可能只在一瞬，然而拿下来可能要一辈子！也就是亲手毁掉孩子的一生。所以，父亲母亲们切记切记！

有些家长喜欢通过智商测试来断定孩子聪明或是愚笨。假期成了智力测试的高峰期。且不说孩子正在成长期，如何成长，长成一棵什么样的"树"与你给孩子刮什么样的"风"有关。切不可"一测定终生"，孩子的生命刚刚开始，作为父亲母亲怎么忍心为他们判死刑！

雅心提示

孩子"笨"与"不笨"，其实在家长；没有教不好的孩子，只有不会教的家长！"花的事业是甜蜜的，果的事业是珍贵的，让我干叶的事业吧，因为叶总是谦逊地垂着它的绿荫。"让我们用慈爱呵护纯真，用智慧孕育成长，用真诚开启心灵，用希冀放飞理想，我将用自己的双手和大家一道默默耕耘，共同托起明天的太阳。

第四章

告诫自己"宽"：放宽视角看"笨小孩"

能放过他人，也是最大地饶过了自己！创造"笨小孩"的奇迹——让你的孩子有"若愚的大智"，有"若怯的大谋"，你需要有海涵去宽待你的"笨小孩"！

如何培养自己宽待"笨小孩"的海涵

海之所以能够容纳涓涓细流，是因为姿态够低；父母之所以能让孩子感觉安全，是因为够宽。父母如何培养自己宽待的海涵？要有"三历练"，即宽心、宽言、宽限。

一练宽心，即心境要放宽，自己心里不舒服就不要再让孩子也不舒服，比如我们的孩子成绩不如同事的孩子，你因为面子上难堪，所以心里不舒服。于是就将怨气"扔"给了孩子："看人家的孩子怎么就那么争气！""我什么都不比她差，可是努力下来，我老公不如人家有钱，孩子也不如人家争气！"会有相当的父母感觉家人拖累了他们，其实亲情不可以如此衡量的。你心要放宽，不要仅放一种概念——成绩好，能给你争面子；父母心里的"道"多了，教育的路子自会宽，孩子的人生也自然"条条大道通罗马"。

二练宽言，这不难理解，无论心里多急、多躁都不要急于出口，和孩子谈话前一定要先问问自己"我情绪是否正常？""我现在可以吗？"对于孩子最重的伤不在生活，不在身体，而在心理，因为心灵手术要远比身体手术难得多；对于教育一定是"病从口入，祸从口出"，所以切记要宽言。

三练宽限，何为宽限？就是给孩子的计划要宽定，对孩子的要求一定要循序渐进，人是不可能一夜长大的。也就是《弟子规》中所提到的"宽为限，紧为功"，这样很容易让您的孩子看到自信，感觉成就，也顺应了孩子的身心发展规律！

雅心提示

　　培养宽待"笨小孩"的海涵要有"三历练"，即宽心、宽言、宽限。宽心就是我们心境要放宽；宽言，这不难理解，无论心里多急、多躁都不要急于出口；宽限就是给孩子的计划要宽定，对孩子的要求一定要循序渐进。

如何放宽视角看"笨小孩"

能够爱己才能爱人，能够宽己才能宽子。宽己要做到"三历练"，那宽子将如何历练呢？要学习"历练八宽待"，即一历练"多视角看待，允许慢来"；二历练"宽待'捣蛋鬼'"；三历练"宽待'学无趣'"；四历练

"宽待小挫败"；五历练"宽待'差生'"；六历练"宽待不足"；七历练
"宽有度"；八历练"宽可见天赋"。

> 能够爱己才能爱人，能够宽己才能宽子。宽己要做到"三历
> 练"，宽子要学习"历练八宽待"。

一历练：多视角看待孩子，允许孩子慢慢来

元宵节，一位父亲带着孩子去看花灯，可是孩子不停地哭闹，父亲不
耐烦了，便踢了孩子几脚，孩子哭闹得更凶了，父亲无奈便蹲下身来与自
己的小孩商量，就在这位父亲蹲下的一瞬间，父亲马上明白了孩子哭闹的
原因：原来小孩子只能看到人们的腿，他根本看不到灯。同理，对待孩子
我们要学习从孩子的角度看问题，从不同的角度看待孩子。多角度就会多
色彩，多角度就会多思路，多思路你的孩子发展才会有路！所以不能因为
孩子一时的表现不佳，就断定孩子能力有限。父母要用多元化的评价目
标、手段、体系来评价孩子，允许孩子慢慢来！

> 对待孩子要学习从孩子的角度看问题，从不同的角度看待孩
> 子。不能因为孩子一时的表现不佳，就断定孩子能力有限。父母
> 要用多元化的评价目标、手段、体系来评价孩子，允许孩子慢
> 慢来！

二历练：宽待捣蛋鬼——"捣蛋鬼"不可怕

这些孩子天生爱玩爱动，甚至会经常闹些恶作剧，因此常常受到父母的训斥。然而，父母苦口婆心的教育并不管用，他们依然是我行我素，父母为此伤透了脑筋。

其实捣蛋鬼不可怕，有三个理由：一是捣蛋鬼是潜在的求知欲的代名词，因为兴趣广，模仿力强，尝试活动的增多，孩子会很"强烈"地表现自己，于是"出格"、"捣蛋"，其实这是一种信号。"淘孩子有大出息"，这是再浅显易懂不过的道理了。二是捣蛋鬼们尚不知"规则"，于是表现自己的时候会触碰家长的"雷区"：孩子对外界的探索行为往往是忘我的，不顾一切后果的，等到严重的后果出现后，他们才会有惊恐的心理产生。有一个男孩为了验证动物都有心脏的说法，把自家养的一条名贵的金鱼解剖了，母亲回来后他还乐颠颠地捧着死鱼给母亲看它的心脏，这时需要家长适当的赞赏与合适的引导才对。反之，如果是厉声制止、指责，甚至打骂，孩子的自信心和情绪都会受到打击，从而会降低孩子的求知欲。有一则评论说：90%的爸爸都曾在某个晚上有过把孩子从窗子里扔出去的念头，对于这一说法，我们可以一笑了之。但由此我们可以肯定，顽皮的孩子总是出其不意地制造出考验家长修养智慧的事情，很多家长都被孩子的出格行为激怒过。所以，对于捣蛋鬼家长不应制止控制而是引导。三是捣蛋鬼是因为储备不足。实际上，这个阶段的孩子由于生活经验和各类常识的储备不足，行事虎头蛇尾或过犹不及。不知者不为怪，他们的自理意识的萌芽和发展，离不开家长的勉励与教导。所以，父母不要一味地抱怨和斥责"捣蛋鬼"，要多研究一下孩子"捣蛋"背后的故事，不要用孩子某个阶段的表现去束缚他的成长，好孩子都是教育出来的。那么，如何帮助我们的"捣蛋鬼"呢？

家有"捣蛋鬼"的七策略，也就是"三为四不为"。"三为"指激发

上进心, 鼓励孩子, 批评只对事; "四不为" 是不打击孩子自信, 不拒绝孩子的失败的尝试, 避免与孩子发生冲突, 不恐吓孩子。

一为是激发孩子的上进心, 要避讲枯燥乏味的大道理, 可以通过第三方转述的形式, 例如父亲母亲以表现的方式, 或者是转述的方式 "对人对事" 进行认可赞美, 多取正向的, 让孩子作为第三方、旁观方, 这样的教育比直接教育要有效得多。二为是用赞许的话鼓励孩子。三为是批评只对事, 孩子如果表现的令你不满意, 我们就事谈事, 切忌去翻旧账、扩大话题、没完没了的指责, 或者由此对孩子凭什么不合适的评价等。

一不为是不打击孩子的自信。我们知道爱迪生小的时候也非常调皮和淘气, 因为爱迪生的捣蛋和喜欢别出心裁, 常常弄得老师哭笑不得。最终, 校方通知爱迪生的妈妈将他领走, 并告诉爱迪生的妈妈: 这个孩子不可能有出息了。如果爱迪生的妈妈去责怪他, 训说他 "笨", 那我们历史上就少了一位伟大的发明家! 而爱迪生的妈妈只是说了一句: "孩子, 我相信你能行!"

二不为是不拒绝孩子的失败的尝试。只有让孩子尝试失败, 孩子才会找到什么是正确的, 孩子才明白才相信什么是真的不可以做, 以至于孩子才会听信我们家长的劝诫, 不要说你还小, 你不会, 因为孩子总喜欢跃跃欲试, 做点超过自己能力的事情。首先不要轻率地否认孩子想要试一试自己能力的举动, 说些 "你做还早呢" 的话, 把判断强加给孩子, 就是随意损伤他们的自信心, 这等于给孩子的成长泼冷水。

三不为是避免与孩子发生冲突, 当孩子出现了无法控制的 "气阻" 时, 比如开始摔打东西, 嘴里冒出一些让你无法承受的 "精神垃圾" 时, 此时一定要淡定, 要学习运用 "三篮子策略"。

有个叫妮妮的八岁女孩子, 有严重的暴躁症, 一点点的小事就会让她

"发疯"，那一刻她或许会破口大骂，常有攻击性的言语或行为，曾踢掉过家里汽车的挡风玻璃。她表现得极端反复无常，缺乏适应力，叛逆反抗。父母还常常为了如何对待她的行为而争论不休。大多数专家的建议对她实行更加严格的限制，甚至还指导"规范行为管理策略"如咨询、进步记录表、关禁闭和奖励计划，结果都无效。对付"急脾气"孩子通常的方法：解释、说服、安慰、教育、忽视、奖励和惩罚等都无法奏效时，我们有一个"三篮子策略"，一篮子是家长的篮子，这一篮子里装的是大事、原则的事；二篮子是协商的篮子，有些事情家长可以与孩子进行协商，也就是可以采取折中方案的。三篮子是孩子的篮子，是小事。对于一篮子，无论孩子怎样"疯狂"，你都要坚决执行；对于三篮子，一些无足轻重的小事，不必为此而忍受孩子大闹一场的痛苦，可由孩子做主；用好二篮子，这是协商篮子，学会适当的妥协与让步，也让孩子从小明白谈判策略。有急脾气的孩子通常都有极差的适应力和挫折承受力，缺乏基本的应变能力，一点点小的变化孩子都将无所适从，他们很无助，可是语言表达能力极差，不能精准地向父母明白地表达自己，对于此时的孩子不是讲理而是予以同情和帮助，而这个帮助是有时效的，也就是一定要在孩子表现为"气阻"之前，也就是要崩溃之前。

四不为是不恐吓孩子：不能对孩子说"如果你怎么怎么了，爸妈就不再爱你了"。你可以换句话说，"你这样做，爸妈会很伤心的"。

雅心提示

为人父母要有能量承受你的"捣蛋鬼"，否则你就很难收获一个"特殊人才"；特殊的孩子需要特别能量的父母来担当！

三历练：宽待"学无趣"

孩子的学习兴趣丢在了哪里？

当今孩子从胎教、婴儿、幼儿、小学……一路走来，孩子一直与文字交流。太多的"唯知识"论的父母，认为知识是教育的一切，教育的喜怒哀乐只在一个"学习成绩"，于是孩子的学习效果令他们不满意，他们就会批评甚至打骂孩子。当孩子因学习不好受到家长的批评时，孩子就会思考：学习给我带来了什么？父母的指责。于是，孩子自然会恨学习，认为他们所受的一切都是"学习惹的祸！"自然就会对学习失去兴趣！

（1）孩子的学习兴趣哪里来

"兴趣是最好的老师。"兴趣从愿意中来，愿意的能量源于哪里？源于心里。所以，我们要关乎孩子的心理，绝不让"学习伤害孩子"，绝不让"自己因学习伤害孩子"；要让孩子"看到学习有快乐"，要让孩子"看到学习有好未来"，更要让孩子"认可各科学习的生活意义"。所有这些不是讲给孩子，而是要让孩子看到的，比如为什么有人家的房装的灯那么漂亮？为什么男人就会弄这一类的事情，那是因为男生的物理相对女生要好的多。

（2）如何培养孩子的学习兴趣

培养孩子的学习兴趣要坚持"五做到"。一是以身示范造氛围；二是常和学校沟通；三是用好积极心理暗示；四是惩罚自己；五是环境引趣。第一，示范氛围：既然学习有诸多好处与兴趣，父母就应该喜欢，率先去做，否则孩子不会信你。所以，如果你已经成为了父母，就切忌在家中玩游戏、看电视、搓麻、掼蛋、喝酒、上网聊天等。第二，常与学校沟通：教育孩子是要靠多双手共同抬起，绝非仅两人的行为，其中最为主要的环境是学校环境，因为我们需要经常地与学校沟通，以了解孩子的情况及学校对孩子的需求，家长平时要多和老师联系，经常向老师询问一下他们需要什么帮助；也要和其他孩子的家长保持联系，特别地与孩子的前后桌、同桌的家长形成一个互助小组，以便于从第三方的角度了解孩子。同时利于为孩子创设一个和谐的环境与氛围。第三，用好积极的心理暗示：表扬孩子一定要适中，让孩子信服；表扬孩子可使用以下策略：适时策略，就是在孩子不够自信，等待别人给力时引导认可；第三方表扬策略，就是不直接面对孩子去表扬，当然这种表扬是需要肯定的；正向标签策略，就是给孩子一个正向的给力的预言。第四，惩罚自己：有些家长教育孩子还是很强势，说直白些，有些是很"法西斯"的，挑剔、批评、羞辱等方式常见，并且有太多体罚和变相体罚的现象。此类并不能帮助我们的教育，相反，严重地摧残了孩子的心理，扼杀了孩子的学习兴趣，让学习成为孩子的心理负担！因为凶不止厌，爱才止厌！于是，应付差事，粗心马虎，拖延邋遢，投机取巧等消极低效的做法成了孩子的行为方式。那要怎么办呢？如果孩子犯了错，是无意间的，又非常害怕，这种情况我们家长可以运用"惩罚自己"的策略，因为孩子的错是需要家长来埋单的，这比惩罚孩子要有用得多，你会赢得孩子对你的"疼爱"与"由衷的敬意"。第五，环境引趣：别小看环境，环境的力量、自然的力量都是我们人类所无法比拟的。比如地震，你与它讲理有用吗？你对它哭泣有用吗？因而要用好环境，比如可以"烛光晚宴"、"烛光祈福"。家长：你若有智慧，天地都会顺应你，都会成全你！

雅·心·提示

　　你若做得到，孩子才能做得到！有了愿意有了热情，成绩想不提高都难！我们要学习用趣味的方式追求学习的兴趣！

四历练：宽待挫败

对于成长中的事物，不以一时下定义；对于成长中的孩子，不以一时成败论英雄！

为了孩子幸福的未来，我们需要为孩子筹备挫折教育。

父母都希望孩子的未来过得好，于是在家庭教育中努力为孩子创设安逸舒适的生活，而忽视了心理层面及精神层面的需求，其中最关键的一点就是"挫折教育"。也就是说，我们不能只重视孩子的生活而忽视了孩子的吃苦耐劳和向困难挑战的精神，这些"精神上的东西"，是未来发展所必需的，也是孩子心理发展、精神成长所必需的。作为家长有必要让孩子吃些苦头。

前些日子，在某电视上观看了一档少儿节目，节目要求孩子和爸爸通过和对手的一系列游戏来获取胜利。在两个家庭游戏的环节中，蓝队的爸爸不堪重负，和孩子败下阵来。本来输赢在游戏中是兵家常事，但败下阵的孩子却哭闹不止，谴责爸爸输了，经过主持人再三劝导，孩子还是不能平静下来，节目差点不能进行下去，最后导播不得不切换画面。通过赛后的采访，无奈的爸爸告诉观众，小家伙在日常就是无法接受输的现实，一输就哭，这让爸爸妈妈十分苦恼。

举个例子：有个渔王，他的儿子捕鱼技术却很差：因为他一直手把手教他的儿子们，很耐心。但是，他只传授了技术，没有传授教训，没有传授失败及如何面对失败，没有教训与没有经验一样是不能成大器的。大作家巴尔扎克的成就是少年的皮鞭和责难造就的；安徒生的童年没有童话，只有痛苦和孤独。正所谓"宝剑锋从磨砺出，梅花香自苦寒来！"

何为挫折教育？如何进行挫折教育？

　　所谓挫折教育，是指在个体的动机性活动受到无法克服的干扰和阻碍，需要得到满足时所产生的一种紧张状态和情绪反应。抗挫折能力是对挫折的承受力，遇到挫折时能摆脱困境，避免心理和行为异常的能力。雅心告诉你："其实孩子的失败不可怕，可怕的是对失败的害怕！"进行挫折教育有两法，一是引导敛性心适度好胜心；二是培实孩子"输的能量"。引导敛性心适度好胜心：孩子在三岁时就开始了他们的"好胜心"，这一时期他们开始感觉自己的力量、本事与价值，这是源于竞争意识；这本是一种成长，但是这种成长需要作"适度引导"，这一引导策略就是"敛性心"，教孩子稳、定、静地表达自己；让孩子以第三方的角度去看"敛性之美"；让孩子开始意识"锋露必伤人，锋露必易折，锋露为丑"；让孩子忌张扬。可以用影片人物分析，用周边人物评论引导孩子"静为美"的感觉，以避孩子的虚荣、偏执；当然前提是家长不可虚荣与偏执，只要有孩子在的时候就一定要注意自己的言行，在家中不可表现出攀比、世俗、虚荣！对孩子更不可以一时成败论英雄、论犒赏。比如，孩子哪项行为比其他人做得好，就拼命表扬，而对于孩子的弱势，则有意无意地表现出一定的失望，甚至无意中当面把孩子跟别人做比较，"你看人家小刚跳得多高呀"。长期这样下去，家长就可能"逼"出一个好胜的孩子，所以要时刻检点自己的行为，家长能够耐挫，孩子才可能耐挫！二是培实孩子"输的能量"：如何培实？教给孩子"另只眼看失败"，明白有失必有得，学会在短板中找自己的长板；此能量可以通过情境教育法获得，父母可以有意创造一些教育契机，比如，在跟孩子比赛时故意输掉，然后就自言自语讲"输就是赢，这至少让我知道了那种做法不可取；还有我要做到输掉一盘棋，但绝不会因此输掉心情与信心，有了胜利者的心态就是赢家！"而且还要说："我玩得起就一定输得起，不能让我的孩子不信我！"一定要做正向引导。

家长输得起，孩子才能输得起！我们可以吃小亏，但绝不可以吃大亏！

五历练：宽待"差生"

什么是差生？从来没有差生之说，其实"差生"不差，成长比成绩更重要！

"差生哪里来？"

有些家长唯成绩是从，那些为孩子的成绩不好发愁，以为只要孩子成绩不好，就失去了一切希望，就等同于世界末日，就几近于灭顶之灾。他们以为人生只有学习这一个支点，如此就等于将自己放在了极其危险的境地！

网上有位母亲发了一篇几乎绝望的帖子："我是个失败的母亲。近年来，我心底持续忧郁，因为我有一个笨孩子。我的孩子智商很低，大概只有70左右。他现在已经10岁了，学习上十分吃力，在班级排名非常靠后。我每天晚上7点半才能下班回家，一回家就辅导他学习，周末也是这样。只要我在家，就尽可能安排他学习。可是他的成绩依然不理想，每门功课都要垫底，除了英语稍微好一点，也只是接近平均分水平。我发现，他的理解能力、空间识别能力、观察模仿能力以及动手能力相较其他同学都比较弱。因为这个原因，他学习也没有兴趣。为了让他学习，我们之间还经常发生冲突。学习上花了时间效果却不好，过程中又充满了母子间的争执，这样的学习他累，我也累。由于孩子成绩不好，老师也不怎么喜欢他，有的同学还会欺负他。我听在耳里，疼在心里。儿子本质很老实，同学欺负他，他只回来告诉我，也不肯告诉老师。我曾经和老师沟通，因为老师本就讨厌告状的同学，再加上孩子学习不好，老师就更不喜欢他，所以后来太多太多的次数，只要不是很严重，我也不想麻烦老师。因为，我也担心孩子言过其实。日子就这样一天一天过下去，每一次考试每一次测验都是对我极大的挑战，之前尽可能安排时间帮助他复习，之后又沉浸在六十几分、七十几分以及排名倒数的痛苦之中，我也曾不断告诉自己要坚持。忧郁，无尽的忧郁，为了孩子的现在（不受老师喜欢，被欺负），也为孩子的将来（学业、工作）。不能告诉别人，连和老公也不想多讨论，看到别人的孩子聪明伶俐，学习聪慧，心生羡慕；听到别人说你的孩子一定很聪明，表面说"哪里哪里"，内心中一片苦涩。我知道，比那些有身体残疾的孩子的妈妈来说，我的境遇要好很多，但每天的学习考试点点滴滴都在侵害我的神经，我表面上还比较开朗，但沉重和忧郁是我内心的主色调。我好失败！真的好失败！"

这不是一个母亲的现状，而是太多母亲的内心苦楚！其实苦从何来？苦从认知里来。雅心告诉家长们："没有可怕的事情，只有可怕的心情！孩子'笨'不可怕，可怕的是家长对孩子'笨'的恐惧！"家长要明白：草有草的美，树有树的伟岸；何况人是会成长的，对于孩子我们切不可过早评价。父母的过早评价才是可怕的！熊丙奇先生在《差生也能得诺奖警示我们的教育观》中这样写道：

英国医学教授约翰·格登获得过诺贝尔生理学或医学奖，可是他在中学时曾经成绩垫底，甚至被老师断言绝不可能成为科学家！格登中学就读于著名的伊顿公学。当时，格登的生物成绩倒数第一，其他学科科目成绩

排名也非常靠后，常被同学讥笑为"科学蠢材"。一名老师这样评价他："我相信格登想成为科学家，但以他目前的学业表现，这个想法非常荒谬，他连简单的生物知识都学不会，根本不可能成为专家。"格登之所以能从"倒数第一"起步，最终获得诺贝尔奖，除了与其自身的努力坚持分不开之外，更重要的是，他所处的环境并没有将其"抛弃"，仍旧为其实现自己的理想、发展自己的兴趣提供了空间。少年时的格登，曾被生物学深深吸引，在学校养过上千只毛毛虫，并看着它们变成飞蛾，此举引起了老师的强烈反感。你看，虽然老师断定他根本不可能成为专家，对他的作为强烈反感，但他还是在学校里养了毛毛虫，还成功地看着它们变为飞蛾。老师认为学生不具备成功的潜能是一回事，是否允许学生做自己感兴趣的事是另一回事。如果用"单一成才目标灌输"的中式教育体系来观察，格登的经历简直是段"传奇"。格登的"传奇"还没结束，在求学路上艰辛前行的他后来终于考入牛津大学。他最初读的是古典文学，后又转向动物学，正式开始了科研生涯。如果他处在我国"一个萝卜一个坑"的学籍管理制度下，如此轻松换专业也是无法想象的。可以说，"差生"格登的获奖，说明了"差生"不"差"。

所以，既不可以一时论成败，也不可以用一个目标去衡量，因为人本身是多轨发展的。

"赢在起跑线"，这只是个过程，但不是目标，我们的目标是"永远要以信任的能量等待并呵护孩子的成长"，家长和孩子需要以"赢者的心态跑赢人生全程"！

六历练：宽待孩子的不足

优点人人爱，能接纳不足与缺憾，方显真爱！同时，对于孩子的不足要能适度漠视，强调孩子的优势。

（1）宽待孩子不足的理由是什么

宽待孩子不足的理由有四：一是"金无足赤，人无完人"，所以有不足很正常；二是孩子由于年龄小，更不可能没有不足；三是孩子正处于成长阶段，不足是必需的历经，错误也是他们成长经历中的一部分；四是不足可以使小孩辨别是非，增长见识，让他们在试探性的行为中获得经验。

（2）如何宽待自己的"笨小孩"

如何对待自己的"笨小孩"？雅心教你"二一策略"，也就是"二切忌一漠视"：切忌急脾气、切忌惩罚，漠视冷箭法。一要切忌急脾气：面对孩子林林总总的错误，家长常常激愤满怀，怒气冲冲，大有恨铁不成钢的想法，粗暴对待孩子的错误。这种方式不可取，原因有二，一是对心理脆弱的孩子，家长的粗暴比孩子自身的"小错"更为可怕，可以说是要花一辈子的时间去疗伤，而且必须是家长有疗伤的能力。二是会让孩子低看你，如果孩子足够强大，或是心理已有逆反，在与小孩子的较量中，等于你已经向孩子证明你无计可施，已是"山穷水尽"了。孩子虽然表面上屈从，可心里不服气，更别提知错改错，变成奇迹了！对一些年龄较小的孩子来说，家长越是指责他们的错误，反倒会刺激他们的兴趣，甚至想要借此来吸引家长的注意力。对年龄大点的孩子常规的说教、处罚，会让他们犯了错误后很有经验地接受暴风雨的洗礼，其后是我心依旧，我行依旧。面对这样的孩子，家长要善于观察，做细文章，把孩子从适应的"热闹对白"中拎出来，置之于"冷清孤独"之中，使其反思自己的言行。人对未知的畏惧远远大于对已知的畏惧。沉默有时更有威慑力！二要切忌惩罚：惩罚是一种激烈的责备，它不可能叫人愉快。惩罚存在的原本意图是为了

让孩子能检点自己和反思自己。利用惩罚达到纠错之目的是很难的，因为惩罚时家长与孩子已经处于激烈状态，或者说是对立对抗状态。在惩罚孩子时，家长在与孩子谈话时常常先有情绪，这样一来，家长就给孩子留下这样的印象：家长的个性不招人喜欢。因而对于这种惩罚，孩子认定了妈妈或是爸爸"有病"，"拿我当出气筒"，会使孩子感到委屈，所以达不成目的。人之初，性本善，每个孩子都有向善之心，只是一些孩子在长时间的冷漠呵斥下，形成了自我保护的硬壳，对家长或者老师具有戒备心理。"热"很难感动他的"冷"，这时候不妨采用"惩罚自己"，以"冷"待之，短期漠视，暗地里制作好打开"硬壳"的"钥匙"，启动孩子自我教育、自主追求的内心机制，那时候不是家长主动要求孩子，而是孩子主动央求家长了！爱心支撑下的"冷"，常常会制造出一种空灵的境界。此时无声，胜似有声，让人卸下面具，对话心灵，大彻大悟。三要做到漠视冷箭法。呵护孩子不等于纵容孩子可以一直不足下去。漠视孩子的不足，不代表默认孩子的不足。家长在纠错的时候可采用"漠视冷箭法"，包括：欲抑先扬；拔高优点，突出不足。欲抑先扬是指不要直接批评孩子的不足，而要先足足地夸奖孩子的进步，再用大"赠送"的方式点出孩子的不足之处。比如："你今天如果不哭着要玩具就表现得更棒了！""你今天要是不抢小朋友的东西会得到更多的奖励"……拔高优点，突出不足。如孩子懒惰，不爱动手，什么事情都依赖父母。这时候家长就可以鼓励孩子：你很聪明，最近进步很大，理解接受能力都很强，如果动手能力差的话就会让别的孩子超过你了。这样用"聪明"做包装，把惰性夹在中间，孩子很容易接受自己的不足，也很容易改进。当然，"漠视不足"的教育方式并不是万能的，运用这种方式，应注意如下几点：

一是长期情感基础，是运用"漠视不足"教育的前提；二是亲子之间的信任和理解（尤其是父母对孩子），是运用"漠视不足"的保障；三是运用"漠视不足"要掌握分寸，把握火候；四是"漠视不足"的后期工作是关键。"漠视不足"只是手段，并非目标。"漠视不足"是为了给孩子创造冷静叩问自我的教育场。当孩子认识到不足后，家长要进一步因势利导，让他们在思想认识上有一个质的飞跃，巩固教育效果。没有了这一环，"漠视不足"就会成为允许不足。

雅心·提示

教育孩子要有热度，同时还需要适当的冷却。实践证明：当遇到较为棘手的问题时，"漠视不足"不失为一种有效的教育艺术。真是宽容之际看芳草，天涯何处不春风？

七历练：宽待要有度

宽容要有度，因为宽容不等于纵容。特别的表扬对于孩子来说是很受用的方式，但是表扬孩子不用"糖衣炮弹"。

（1）孩子需要表扬

表扬是众多家长和老师常用的教育孩子的方式。我有太多有关表扬的总结："好孩子是夸出来的""数子十过，莫如奖子一长"。表扬是对孩子的认可、肯定和赏识，体现了家长和老师对孩子的爱和期盼。在集体中表扬孩子还能对周围其他孩子产生影响，促使更多的孩子明白事理，认清自己的不足，找到努力的方向。研究表明，经常受到表扬的孩子，比起得不到表扬的孩子，更乐意接受生活的挑战，也更愿意为自己设立较高的努力目标，应对困难时更具信心。但表扬如同甘甜的美酒，虽然爽口却不能贪杯。美国心理学家卡罗·德威克的大量研究发现，被过度表扬的孩子将维持自己的聪明形象变成了头等大事——他们变得更喜欢竞争，喜欢打败别

人。一个研究当中的例子令人警醒。

　　一个实验中，学生要接受两个拼图测试。在两个测试之间，他们需要作出选择，选择学习一个新的拼图的技巧来帮助第二个测试，或者选择知道和自己同样接受测试的其他学生的表现。他们的时间只够做这两件中的一件。那些被表扬了聪明的学生更倾向于选择查看自己在组里的排名，而不是用这个时间为下一个测试做准备。而在另一个实验中，学生得到一张DIY卡片，并被要求把这些卡片写上自己的得分寄给另一个学校的学生（他们不会见到这些学生也不会知道他们的名字）。有40%的被表扬了聪明的孩子撒了谎，擅自提高了自己的分数。而那些被表扬了努力的孩子则较少撒谎。

　　由此可见，过度表扬孩子并不是一件好事，这会让孩子养成一些不良习惯。所以，表扬孩子是一门艺术，一定要注意表扬的尺度和方式。

　　（2）表扬要有度

　　表扬传达了对孩子行为的肯定态度，能增强他们的自信心，可以鼓励他们进一步努力的决心，且帮助其学习分析评价自己，以了解怎样的言行举止是适宜的。但是并不是所有的表扬都能发挥这样的效果，表扬是否产生积极作用在于对它的运用是否得当。运用得当，孩子受益；运用失当，反受其害。有的孩子就在众人的表扬声中骄傲自满，停滞不前；过度表扬会让孩子无法接受失败。密歇根的学者珍妮佛·克罗克经过研究发现，过度表扬孩子，忽视孩子的失败，会让孩子慢慢相信失败是可怕的，家人不会承认它的存在。孩子被剥夺了讨论错误的机会，就不能从错误中学到什么。那么，家长在表扬孩子时应该如何用好表扬这把双刃剑，让孩子在表扬中健康成长呢？

把握表扬的度就要把握表扬的六原则：思想健康，表扬要具体，表扬要及时，表扬符合个性，表扬要真诚，表扬要有方向性与引导性。

一是表扬的思想性原则。带着一种期盼的心看着孩子成长，孩子一点一滴的进步和变化都牵动着家长的情绪。现代社会的独生子女，更是全家生活的重心，哪怕孩子有丁点的进步，家长也会毫不吝啬地说出赞美的话，于是表扬过多，以致让孩子沾沾自喜。另一种情况是当孩子对家长有讨好的言行时，也容易激起家长的疼爱之心，从而对其大加赞赏，因此会造成孩子思想上的不健康。所以表扬要客观，有原则；更要以健康的、向上的思想为准绳与依据。

二是表扬要具体。当家长笼统地表扬孩子时，他有时会感到自己确实各方面都做得不错，以致扩大自己的满足感。所以家长在表扬孩子时一定要明确为什么表扬他，值得表扬的地方在哪里？今后还应怎样去做等。

三是表扬要及时。有了值得肯定的成绩，要立即给予鼓励。小孩子做事情往往具有不稳定性，容易被不相关的事情干扰，也容易被困难吓倒。当完成一件事情的时候，他们时常在中途兴冲冲地跑来寻求家长的帮助和评价，以此坚定自己的信念并向着终点努力。这个时候家长对孩子不闻不问，或者抱着以后再说的想法敷衍孩子的做法都是不可取的，也是不诚实的表现，这种表现会伤害孩子的心；以至于孩子会在失落中淡化甚至失去探究事物的兴趣和积极性。正确的做法是以一种积极的心态关注孩子做的事，及时对孩子的点滴进步给予表扬和支持，甚至放下手头的事情参与到孩子的活动当中，积极引领孩子走出疑惑和困难，让孩子怀着信心、带着父母的支撑坚持到最后。

四是表扬要看孩子的个性。表扬因孩子的不同个性而有所差别。对好自满、容易骄傲的孩子，要注意把握尺度分寸，要留有余地；而对于比较自卑的孩子，则要适当加重表扬，而且在表扬中还要有温情支持与给予。

五是表扬要持续、真诚。任何成绩的取得都不是一朝一夕的事情。孩子的进步也有个持续发展的过程，只有积聚了一定的量变才会发生质变。因此，家长、老师在发现孩子优点、长处时，要循序渐进地鼓励表扬，使孩子有成功喜悦感，并且使他的自信心逐步增强，不断挑战自我，向着更高的目标奋进。

六是表扬要有方向性和引导性。利用孩子对赞扬的期待，引导其学习某些技能，形成和塑造个性，这样的表扬往往比批评教育更有效，并且还可以用于改正孩子的缺点。比如，想引导孩子发展语言表达能力，就应多注意他所使用的新词汇和对某些新事物的描述，有值得肯定的地方适时鼓励。这比强迫孩子干这干那在效果上要强得多，一来孩子不会产生厌烦情绪，二来还能提高孩子的目标追求，使孩子保持长久的兴趣和向前进步发展的空间。总之，家长应该掌握表扬的方法，不要让表扬变成削弱孩子意志力的糖衣炮弹。

随着年龄的增长，决定孩子是否能做成一件事的因素中，智力显得越来越微不足道。越来越复杂的任务，让努力和坚持成为成败的关键。而心理学家发现，表扬孩子的智力恰恰会减少他们的努力。

八历练：宽可见孩子天赋

天赋要靠发现，靠开发，靠知遇，对于"笨小孩"来说，特别需要被发现天赋，因为他们的天赋不是显性的存在！这就是"笨小孩"对其父母的特别要求！

（1）认识天赋

天赋就是天资、资质，未学先懂、生来具有、禀受于天的。它是成长之前就已经具备的成长特性，针对特别的东西或领域的特殊天生执念而使其可以在同样经验甚至没有经验的情况下以别于其他人的速度成长起来，而且有其独一性，非这个人才有的成长潜力和可能性已经在他的人生中表现化了，那么他就具备了该方面的天赋。每个孩子都具有潜在的天赋，家长只要通过仔细观察就能发现孩子潜在的天赋。从这个意义上讲，孩子的天赋关键在于家长是否有发现天赋的天赋！

据《家庭健康报》报道，有专家研究发现，婴儿有以下主要潜在天赋：音乐、绘画、运动、语言、模仿、性格。从音乐方面看，唱歌会使小孩变得对节奏敏感，但这并不意味着孩子有特殊的音乐天赋。专家认为，听音乐是一回事，音乐天赋的发展又是另一回事。每个小孩的性格都不一样，小孩在与外界接触中发育成熟，而父母则是婴儿与外界接触的第一人，在感情方面父母是榜样，所以，父母要多关心小孩，多倾注爱，这是父母能够为孩子形成好的性格所做的最重要的事情。

（2）发现天赋

发现孩子的天赋不是最终目的，20世纪80年代，中国科学院曾在全国范围内进行过一项超常幼儿的追踪研究，对那些幼年早慧，后来表现平凡的孩子的成因进行分析。结果发现，家庭环境和教育是导致孩子表现平平最重要的两个原因。因此，对于父母来说，正确的养育比发现更重要。随着孩子们慢慢长大，也许有些孩子会变得宁折不屈、敢于挑战和富有反抗精神，从而为自己创造出一片灿烂的天空。但更多的孩子会在强大的世俗面前选择屈服、顺从和忍让，结果是随波逐流，埋没了自己的能力。从王安石笔下的方仲永，我们也可看到，父母如果只顾炫耀自己孩子的天赋，而不去用心保护和培养，终将会泯然众人矣。

与普通孩子的父母相比，超常孩子的父母更应该注意孩子在以下几个方面可能出现的发展中的不平衡。

第一，智力及认知发展的不平衡。很多超常的孩子往往只是在某些方面具有特殊能力，因此，父母不应在孩子很小的时候就仅强化他的某一方面。例如，有些孩子很小就能识很多字，或对数字很敏感，于是家长急于突出强化其优势而忽略了孩子其他方面的发展，长期下去，将制约其以后的发展。因此，现在社会上很多的机构和教育方案强调可以在短期内打造出认识多少字、认识多少英语单词的速成神童，这只能满足父母炫耀的虚荣心，对孩子的成长并没有好处。

第二，智力与生理、情感、社会性之间发展的不平衡。在超常孩子中，智力与生理、情感、社会性之间发展的不平衡是其最大的特点。这一特点常常会给超常孩子带来很多的麻烦。父母如能充分地认识这一点，并采取合适的措施，会大大减少超常孩子成长路上的障碍。例如，对于一个只有5岁的超常孩子来说，他的智力可能已和10岁的孩子难分高下了，但他在生理和情感上仍然是个幼儿，动不动就会大声啼哭或噘起小嘴。因此，请父母在日常养育中忽视孩子聪明的一面，只把他看作一个普通的孩子。父母重视孩子智力的同时，也要重视孩子社会性及情感的培养。

第三，身心发展的不平衡。有些超常的孩子从小爱看书，尤其在受到父母的不合理的强化时（不爱运动，身体发展很差，经常生病，慢慢地就会影响进其一步的发展），有些孩子由于父母要求过于苛刻，长期处于紧张、焦虑状态，而不能很好地继续学习。父母要积极鼓励孩子多接触大自然，督促孩子参加锻炼，以一颗平常心来对待他们的天赋，给孩子一个自由、安全的家庭环境，让他们的天赋充分地展现出来。

总之，作为超常孩子的父母，应该时刻牢记全面发展、均衡发展！绝不以一废十，也绝不因一时而误一世。

 **提示**

　　天赋要靠发现，靠开发，靠知遇。对于"笨小孩"来说，特别需要被发现天赋。孩子的最大天赋源于能够看得见他们天赋的父母！

第五章

克服自己的"急"：急性子导致"笨孩子"

本已紧张的情形下，你是吓他还是抱怨他？你是黑色提醒？你这是越帮越忙，越安抚越怕。急会"吓"到你的孩子。不少父母对于太闹的小孩子经常会以"再哭狼来了"的形式吓孩子，有时也是好使，但是你知道副作用的厉害吗？孩子的大脑皮层在尚未完全发育正常的情况下，这个样子你会"吓"丢孩子的许多"聪明"，吓丢许多我们后天需要培养的财富的。

性格决定教育命运

性格决定命运，同理，性格也决定教育命运。孩子出息与否，优秀与否，正常与否，自信与否，责任有无，幸福与否源于哪里？源于我们家长的教育，其中最最根本的一条是源于家长的性格。

雅心带你做个经典体验：黑暗里有老虎追来，你好不容易跑到家门口，可是越是着急手越是不听使唤，此时你的手突然开始发抖；如果这个时候有人在旁边不停地催你说："快呀，快呀，你怎么这么'笨'，这么笨不吃你吃谁!"对你而言，可能这个人比老虎还可怕，你的门可能打不开；如果这时有人在旁边不停地对你说"怎么了？是不是拿错钥匙了？我对你说过多少次了，早听我的不就好了……"你会很烦躁，门也一样难开；如果这个人在旁边不停地讲"要冷静，别想老虎吃你的事……"这时，你会更想老虎吃你的事，于是更紧张；如果有人比你还急，干脆去帮你翻包，帮你开门……会怎么样？你会一动不动，也就干脆不动了，你的心里一定想："吃吧，反正这次吃的不止我一个人，你也有责任，这回你不会再怪我了。"这种情况再次发生的时候，这个人若在场，你会依靠这个人；这个人若不在场，你会埋怨这个人，因为这个人让你不会开门。以上几种情况都会让你越急越出错，越出错越急，怎么也打不开自己的'门'。"体验过这个实验，你就会明白：性格导致教育结果。

分析体验说明里面有四种不良性格及恶性教育后果。第一种是急性子。急性子易于让受教育者变缓变笨，因为这里有个凸凹原则：你强他就弱，你弱他就强。同理，你急他就慢；抱怨只会让人烦，继而容易让人逃避，教育也是如此。第二种是抱怨性格。这种性格的特点是喜欢将责任推给他方，自己能量不足，不能够担当。这种性格的人很易扎到别人，同时使人产生不自信。第三种是黑色暗示性格。这种性格的家长常常错将黑色暗示当关心、当呵护，这种暗示在教育上称为"黑色诅咒"，这种黑色诅咒很易引起黑色的场，从而导致黑色不吉的后果。第四种是"无力替代"性格。这种性格的家长因为自己的心理力量不够强大，不相信自己也不相信孩子，于是，性急之中喜欢去代替，从而造成孩子的"依赖"与"无能"。这四种性格及教育后果在以上的体验中不难看到。这四种不良性格归因根本就是一"急"字。

例如：警察抓小偷时常常会这样做：边跑边举枪，同时一定会大喊"站住，站住，再不站住我就开枪了"，我常常想：真开枪就开呗，为什么

还要喊？还有你要他站住，他就会站住吗？通常是越喊站住对方跑得越快，我还真的没有见过警察一喊"站住"，小偷就停下的。我想，其实喊"站住"的警察也不是不知道，只是一是为了给自己提气；二是为了吓住对方；三是为了引来援助。这是人不太自信时的表现。家长也常用这招"吓"孩子，一方面给自己助威，另一方面想把孩子"吓"听话了、"吓"聪明了。其实，越吓越"傻"、越吓越"笨"，越吓孩子的心离你越远。

综合以上证实：性格决定教育命运，当然也决定着孩子的未来的命运。

　　性格决定命运，同理，性格也决定教育命运，当然也决定着孩子的未来的命运。家长好性子才能造就一个好孩子！

急性子导致"笨孩子"

什么是急性子呢？在前面的体验里我们讲到的"强化敦促"、"抱怨"、"黑色暗示"、"无力替代"四种情急症状即是急性子的通常教育表现。

急性子常见特征如下。

1. 极易受挫

难以控制和处理受挫的情绪，一发现孩子与期望的有落差即感觉受挫，觉得孩子就是不用心，极小的刺激也能引起挫折感，有着极低的挫折承受力。比如，孩子的本子没有整理好，孩子的一个字写得不够规范，格画得不整齐等一些与主要任务无关的小事情很易引起大冲动。

2. 难控受挫

很难回想起以前类似的行为出现时所造成的种种后果，以便自控，小小的事会不知所措。自我调整力极其有限，情景转换无所适从。

3. 适应力、转换力差

极差的适应性；适应能力与其他一些精神障碍有关；在感到压力或疲劳时，可能彻底崩溃，思考方式倾向于具体化、死板、黑白分明、非此即彼。没有灰色区。

4. 肢体暴力

也叫武力性。有时会对孩子大打出手，个别家长有时会有意识地去拉一个帮手会过来，对孩子"双打"，这就表明此时家长已经到了崩溃的边缘，自己已经被"充了气""鼓了气"，表面上看很强势，实则很无助。所有的家庭教育悲剧，如"徐力杀母""夏菲事件""妈妈请别再伤害我""爸爸还我手"等，都是父母自身无助、心理无助、情感无助，而绝不是孩子的问题。

5. 语言暴力

主要表现为"五不当评定"：伤害性评定，抱怨性评定，贬低性评定，恐吓评定，歧视性评定、黑色暗示。

伤害性评定：如"知道这个样子，就不该生你！""你就是丧门星！""你就随你们老×家，没一个好东西。"此类的评价实则是将怒火、仇恨迁怒到了孩子身上，这种评价对孩子的伤害是致命的，会让孩子的信心、兴趣俱失，同时很易使孩子形成自卑、自罪及自责感。孩子自然不会"灵"，只能是"笨"了。

抱怨性评定：如"都是为了你才遭了这么多的罪。""你妈我容易吗？"这样的评定会导致"怨生怨"，许多孩子会无奈地讲"那谁让你生

我了，不如你把我再退回去吧"，而且面对这种抱怨评定，孩子会讨厌你的爱、怀疑你的爱，觉得你的爱太假了！

贬低性评定：如"你是干啥啥不行，吃啥啥不成"；"你要能出息了，太阳都从西边出来了。"这样的评定对孩子的信心是极具杀伤力的。孩子一定在心里这样对付你：既然都说我不成了，那我一定不行给你看，否则岂不是白让你说了不行！于是就开始了"笨"。这是有意做给你看的。

歧视性评定：如"生个女娃有什么用?""生个男娃真倒霉，娶了媳妇忘了娘，早晚都是人家的，""看人家的孩子，我怎么养了你这么个笨种。"歧视性评定多半有过歧视的惨痛心理经历，于是会转嫁给他们的孩子。听到这样的评价，孩子会理解为你有多讨厌他（她）。

黑色暗示：如前面所讲，其实我们的经常提醒就是一个黑色暗示。

6. 争论不休

通常是为一些不值得的小事而没完没了地争论，这点女性居多。有些老师会因为某个学生的小错误而花上一节课的时间去批评，去发脾气；比如，有些学生迟到了，老师会对没有迟到的同学大发雷霆。家长也会如此，常常因为一件小事，而长时间地批评、争论，会以小见大地争论，会引发性争论，由此及彼地推出许多的假设，会"翻旧账"似的争论，会因此而再翻出从前的过错。这会让人十分疲惫与恼火，更会影响孩子智力的正常运转。

7. 吵闹症状

通常表现为：容易发脾气、不会转移只会大闹、总爱发牢骚、语言的表达能力滞后、不满足要求会尖叫哭闹、摔打，甚至记不清自己当初究竟是因为什么；会闹整整一个晚上；当然也会对自己的所作所为像孩子们一样感觉不愉快；在出现新目标或者不确定的情况下，或者需要思考和计划时，会遇到很多障碍；面对某些不确定的情况会变得毫无章法，并且容易感到失望泄气。

一遇到没有把握的情况，就缺少一个理智的思维模式，很容易被沮丧的情绪所控制，那时我们的大脑根本不可能再想些什么，甚至不能用语言平静地表达情绪，思维缺乏条理，感情易冲动。

对于这一类的家长，实质上是十分痛苦的，因此一定要有意识地进行自控自救，才不致让自己越陷越深而难以自拔。

8. 担心症状

此症状表现为惴惴不安、语言表达水平中等、缺乏条理、杂乱无章、极易陷入高度的焦虑状态；特别是当事情出乎预料时，几乎担心所有的事情。比如，会担心天气及由天气引起的一系列反应。有时会莫名地又哭又叫、喜欢与人吵架等，出现这种情形安慰或是讲道理都无法缓解自己。

9. 歇斯底里

这种症状通常的发生于女性身上，也就是指母亲。这是外来词，意译过来的意思是"子宫乱窜"，达到这一症状其实就是明显的内分泌紊乱，过分紧张愤怒会出现相应的身体反应。每当她面对他无理的咆哮与指责，而力持镇定，隐忍不言时，就会觉得喉头有一种被抓挠、失去声音的感觉；人在歇斯底里状态下，理性基本失控，而且思路不清晰；你会突然发现自己已经不会讲理了，思维是混乱的，语言是语无伦次的。

这种症状很易引起集体歇斯底里发作，也就是一个跟着一个发作。由此说来：此种症状具有恶性传播性，说白了，就是很易令我们的孩子也失控。

10. 精神垃圾

这一症状表现为：家长突然觉得脑袋一片空白，找不到有力度的词震慑孩子情急之下，而暴粗口。诸如："你死去吧""你就是个讨债鬼""我掐死你算了""养你个废物""你死了我一滴眼泪都不会掉"……有时，

当彻底崩溃时，家长们甚至都来不及发出警告，而是突如其来的暴怒、抱怨，或者是疲惫不堪；有时会破口大骂，极端反复无常，缺乏适应力。这种行为可能常常出人预料；常有攻击性言语；有时会摔东西打人，尖叫咒骂，还有一些会哭号不止；有些甚至会在地板上蜷缩成一团。有的家长发作以后会后悔不迭，要么就都又记不得了；这些家长们不在意自己的行为对孩子造成了什么，因为他没有能力控制自己的行为。

急性子是一种病态，一种非健康、非正常的状态，绝不是教育状态。其危害有如下。

1. 急性子具有恶性传播性

例如：经理情绪不好，开车被罚。他骂秘书，秘书责怪总机小姐，总机小姐责怪清洁工，清洁工踢了猫一脚。由此可见，情绪是会传染的。如果经理一开始就笑着对待这件事，事情绝对会是另一个模样。父母的急性子很易引起孩子的急躁，间接地导致孩子的"笨"。

2. 急性子是一种浪费

首先，急性子的人常常会将时间与精力浪费在"愤怒"上，浪费在"争论不休"上，如前面提到的一人有过全体受罚的情形，以点盖面的情绪恶性泛化的情形；其次，急性子压力大，没有一个人喜欢或是能够在压力极大的环境中愉快且有效地工作的；最后，急性子导致不愉快，不愉快是最大的浪费，心情心境的浪费，这种心情心境的污染会严重地波及我们的孩子。

3. 坏脾气是瘟疫（情绪的传染性）

我们常说"祸不单行"，也就是说"心情糟糕，事情遭殃"。如果心急必出乱，乱中必出错，出错更心焦心急。于是形成恶性循环，于是祸不单行。

4. 急性子很易伤害别人

急者通常是速度快，强度大，快而强就很易形成对他人的压力，进而形成伤害。比如家长给孩子的计划订得太紧，就易形成压迫感；对孩子讲话语气太快，就未免强势，强势很易形成压力，让孩子有窒息感，让孩子更感觉自己的无能、对于父母的指标永远望尘莫及，所以相信自己"笨"，并且演绎自己"笨"，从而对孩子造成伤害。

5. 伤心也伤身

过急的性子其实是心理不健康的表现，心理不健康毕竟影响身体的健康，导致心火大、肝火大，因为不管是急还是怒本来是出于心，也是伤及心的。有这么一个经典小故事：一个脾气很大的人，总感觉是别人的错，于是他去隐居，去安静地修身养性，去取水时，他心情不好，水洒了，一气之下他把水罐砸碎了。这时，他突然明白了：现在只有我一人，还怨谁呢。其实我们也莫不是如此。除非我们自己允许，否则没有人能够伤害我们。

6. 急性子是不信任的表现

有个记者拜托常出门的朋友给他买笔，他不喜欢黑色，于是就不停地叮嘱他的朋友说："千万别买黑色的，我最讨厌黑色。"后来朋友回来了，没有想到的是，他买的全是黑色的笔，因为他只记住了黑色。越叮嘱表明越不相信朋友，也不相信自己能说得明白。此时，家长的心里一定有个声音对自己说：不多告诉你几遍他记不住的，但是如果我们告之的恰恰是我们需要回避的，于是黑色暗示就形成了。

7. 会伤害孩子留下心结

有个男孩子脾气很急，父亲教他控制的方法说："你以后每次想发脾气，就去栅栏处钉上一个钉子；之后每次如果能够控制，你再拔掉一颗钉子。"直到有一天，这个男孩发现可以完全控制自己的脾气了，便高兴地

对爸爸讲了自己的进步，爸爸让他去看他的栅栏，并指着已拔过的地方说："你看，你虽然拔下来了钉子，其实那个伤疤还在！"故事意在告诉我们：发脾气虽然在一瞬间，但伤害是巨大的且是永恒的。而且我们的每一次发脾气，实则都相当于在孩子的心上钉了个钉子。为此我们将这种"教育急脾气"称为"教育钉子"。

8. 急脾气会导致错误

冯道与和凝同朝为官，有一天冯道到和凝家做客，和凝看到冯道穿了一双和仆人一样的靴子，就问他靴子多少钱。冯道说："便宜得很，才500元。"一听这话，和凝转身就给了仆人一巴掌，说"一模一样你要了我一千元。"就在这时，只见冯道又抬起了左脚说"这只也500元，一共1000元。"由此可见，急脾气很易出错。所以，教育也一样，切忌冲动，要修炼冷静。

9. 急脾气极具杀伤力

有人会说："我发火只是一会儿的工夫，火得快过得也快。"还有人说："我发完火就拉倒，不会记得的。"开枪射人也不过一分钟，可是那杀伤是致命的，同理，我们的急脾气也是如此，可是说者无意，听者有心。对孩子来说：对于他们的伤害是巨大的，甚至可以说是终生的。所以急脾气是极具杀伤力的。

作为父母也一定经历过被压迫、被急脾气伤害的时候，如"对方越吼越急，你就越糊涂、越晕、越不知北，头脑一片空白，根本就不能清楚地想问题"，现在的孩子也是如此。其实在教育中父母一定要时刻不忘"换位思考"，一定不要忘记"我们曾经的经历"，己所不愿，勿施于子。急性子导致笨孩子的路径如下。

1. 坏脾气是瘟疫（情绪的传染性）

家长的坏脾气很易影响到孩子的坏脾气，如果我们的心脑都已被坏脾气所填满，那么思路就会堵塞，暂且称为"思维塞车"，那么塞车你急有用吗？性格很影响智力的，于是小孩就"笨"了。

2. 急性子让孩子受伤

急就会躁，躁就会造成对对方的伤害。无论是行为还是言语上的。孩子若受伤了，他们更多的是在想着"疼"及如何解"疼"，思路根本不在。也就是说，智力的正常发挥一定是在健康的水平上，若不健康，也就无从谈智力，"笨"就自然而然了。

3. 急性子会打压孩子的自信

急势必就会强，势必就会表现出你对孩子的极不满意，行为之后就会说"孩子不行"。孩子收到你这样的信号，收到你这种信号场，他们的自信是深受伤害的，在你的打压下，孩子会感觉自己真的不行，于是自信丢失。所以就"笨"了。

4. 急性子会使孩子产生怨恨

教育是说者无意，听者有心。作为父母我们也会记得我们的父母曾经无意中讲出的伤害。或许你长大了体谅他们了，但是心结还在。所以，父母一定要嘴下留情，心里留意，不可随意宣泄。当然我知道作为家长，面临着多重压力，身心有时会产生一些不适，但是即便如此，也绝不应该成为我们急脾气的理由。因为没有人愿意，也没有人有义务，更没有人理所当然地承受你的坏脾气。如果孩子对你都怨恨了，你们之间"树根"都不存在了，又何谈"果实"呢。也就是"孩子恨你，自然不会给你学习了"，客观上在这种情形下，对于孩子，想不笨都难，更何况主观上他想笨呢！所以，必"笨"无疑了。如此，会让家长更加生气，情况变得更糟糕；理智后，会十分后悔自己说过的话和做过的事，因为他们根本就没有能力如此思路清晰地陈述他们的问题。

我们也一定经历过被压迫、被急脾气伤害的大脑一片空白的时候。已所不愿，勿施于子。如果孩子大脑都一片空白了，智商也就无从谈起了，于是"笨"就自然了。

改变急性子，转变"笨孩子"

人正常了做事才正确，教育也莫不是如此！教育急性子是一种性格的不健康，更是教育的不健康。如何克服急性子，避免教出"笨小孩"呢？具体要分三步走。

第一步：走进正常。

（1）认识不正常

先要明白急性子是一种不健康的性格，因而也就是一种不健康的心理，还要明白教育一定要基于正常的心理、健康的心理。要决心改变自己，调理自己，而绝不是由着自己的性子，肆意发作，让自己的坏脾气为所欲为。

（2）寻求帮助

作心理咨询，寻求心理咨询师的帮助；找健康乐观的朋友，借助朋友正向的能量场。切忌同向的场，以免让自己的情形变得更糟。

（3）找到自己的问题所在

急性子的家长的通病：一是不够自信也不够信任，也就是不相信自己能够说明白，能够慢慢地表述清楚，也不信孩子能够听自己的话做得到；

二是对于教育孩子"底气不足"，觉得自己没有合适有利的方法教育孩子；三是爱心不够，感觉自己很委屈，孩子不能够让自己满意就是因为孩子对自己不体谅；四是功力不够。也就是不够能耐，不够能控，不够能忍，不够能放，不够能懂。

（4）清洗心灵伤疤

人们对于健康的看重程度，目前还很低级，尚未在全民意识中上升到关键的心理层面及精神层面。如身体有病我们或许会不惜钱力物力，可是，心理的痛似乎是无关痛痒，而且有了伤疤也没有意识去疗伤。然而抚慰命运伤疤却是十分必要和重要的。

（5）有意识地学习

有意识地学习一些调理的技术与方法，向书本学习，向成功的修为者学习。

（6）找到适合自己的调理方法

如六感道具的应用（在下篇将会讲到），自然力的借助，场力的借助，自我研发与成长探索等。

（7）将修为进行到底

家长的成长像孩子的成长一样，其实一直都是在路上的，是一直都要修炼的，这是做家长的一生的功课。

第二步：走进正确。

（1）不急于评价

不会将情绪转发到孩子身上，以此宣泄自己；当孩子稍有不如意时，父母不急于作结论，而是等着孩子慢慢地进入轨道，慢慢地去思考。

（2）关键时的关爱

当孩子出现"气阻"、"无力思考"、"思维空当"时，我们可以试着问孩子"现在可以继续吗？""你出现了什么过不去的坎？"以示自己对孩

子的关爱，并要不停地告诫自己："我是来帮孩子的，不是来折磨孩子的。""不能让我的孩子那么可怜无助。"

（3）加法原则

什么是加法原则？就是家长对于孩子更多的是站在低起点上以"加法"的形式看其增长，也就是说，我们更多的是看孩子"能够"多少，"优点"多少。

例如，你去商店买糖，售货员阿姨只抓了几颗放在天平里，然后不停地给你添，感受一下这种感觉；同时我们再反过来感受：如果售货员先是放上了很多，然后再不断地往外拣，你的心情如何？当然是不停地加糖进去的感觉更好。这就是加法原则。我们的人生当中，无论是加法还是减法，其结果绝不会因为我们采取的这个方法不同而结果大相径庭。但是这种截然相反的两种方式却会让我们的心情一个在天堂、一个在地狱。人生也好，教育也罢，我们要学会多用加法。

举个例子，孩子取得了 59 分的成绩，我们要看到孩子毕竟还得了 59 分；虽然成绩一直不好，但是还很用心，我们家长可以这样去思考"这种态度就是最好的成绩，具体多少分不重要，孩子对学习这件事的态度才重要，从此意义上可见孩子是个有'正途'的孩子"；如果孩子不够用心，成绩不理想，这更容易解读"孩子至少还有潜力"。

（4）不过分要求

就是不过分苛求。不过分苛求是对自己也是对他人的厚爱，换句话说就是"饶过孩子，也放过了自己"。常常听家长这样讲："孩子很聪明，就是不太用功""孩子很用功，只是成绩不太好""孩子学习不是很好，但却是很体谅我们"，既然我们的孩子有优点，而且我们还能发现孩子的优点，我们就可以引以为荣。毕竟"金无足赤，人无完人"嘛，我们对常人可以如此豁达，对自己的孩子更应该也更能够豁达了。

（5）时刻牢记形象

作为父母应该有力量，应该一直树立形象，因此，要时刻告诫自己："我们的形象是不是可以进行教育？"我们的表情常常会左右着他人的心情，因为我们的表情关乎着他人的"环境场"。所以，作为父母无论多难，都不要"吝啬"自己的笑容。"笨小孩的春天"是靠家长的微笑召唤过来的。

（6）经常使用同理心

也就是经常站在孩子的角度上想：这个时候孩子会怎么样。想孩子所想，急孩子所急，而不是想自己所想，急自己所急。

第三步：做得更好。

（1）牢记呵护

家庭中的夫妻也好，父母与子女也罢，在交流或是沟通时切记不可让人受伤。人的心灵是很脆弱的。如果我们没有为他人疗伤的能力、为他人舔拭伤口的能力就不要为别人制造伤口。

（2）绝不盯着错误不放

有人曾经做过一个实验：将一只苍蝇放在一个烧瓶中，烧瓶的底端放上粪便，你会发现这只苍蝇一直盯着粪便，很难将其赶走，即便转身就是"出口"，转身就是自由，可是它对于粪便更是乐不思蜀。以至于很易被我们捉到，因为它吃得太饱太多，运动不便了。其实对于苍蝇我们权且还是可以认同的，毕竟它是以粪便为生的。然而人则不同了。作为家长，请思考你是那只苍蝇吗？某人对你的不公平、身边人的背叛、孩子的成绩，让你心怀芥蒂、让你总不停地回想，总盯在这一粪便处，既然是废墟，我们还总盯着不放……这种纠结无论是我们自身，还是我们的亲人都不愉快，所以学会放下，绝不自己监禁了自己，要能够"回头"，因为"回头是岸"；要学会转身，因为转身就是光明；要学会换个角度，因为换个角度，

我们就会有力量。

（3）牢记孩子的无助

一定要牢记：我们是帮助孩子，我们能给予孩子更多的爱。所以要体会孩子的无助，看到孩子的需求。我们的孩子原本善良，即便笨也是善良的"笨小孩"，他们不敢将精神垃圾拿出来，怕伤害到你；他们极其无助又极其自责，这个时候他们比谁都着急，这个时候我们不心疼他们，还有谁心疼他们。

（4）牢记绝不伤害孩子的心

理解自己的处境也理解孩子的处境；牢记孩子的未来要靠你的现在；牢记作为父母需要力量，也必须有力量。面对受伤的孩子我们会去指责他吗？当然不会。我们绝不重复、绝不干扰、绝不去讲大道理。

我们不止千万遍地对自己说："我绝不急，因为急会让我一叶障目，见不到其他；我绝不打扰孩子，我有耐心等待他。"

我要对自己说"孩子是我们一生的财富，我绝不会以一时成败论英雄"，我会等着最后的微笑。

　　教育急性子是一种性格的不健康，更是教育的不健康。克服急性子要分三步走：第一步，走进正常；第二步，走进正确；第三步，做得更好。

第六章

充电自己去"强"：我们要强大不强势

家长在家庭教育中一定要注意避免强势。如不要拿自己与孩子比，孩子因为年龄小、经历少，会在诸多方面不如我们，这是肯定的；但是作为家长，我们肯定不希望孩子的将来不如我们，因而我们一定不要轻易得出"孩子能力差"的结论，也就是如果希望孩子成功，就先把他当成成功的孩子。

强势不等于强大

人的本性普遍具有向强性及居上性。向强性是希望比别人强，居上性是希望自己的诸多方面或是某些方面，或者是在别人心目中的位次居于常人之上，以便于他人能高看自己。比如我们经常指责他人、好为人师、发怒于人、与人争执、提高说话的音量等，都是"争"强的表现。然而真正能明白自己的需要，合理又合适地满足自己的需求借以愉悦自己的人不多，也就是懂得自己实则需要什么的人并不多。对于"向强性"也是如此。人性本然，教育也亦然：家长的潜意识里多有一种"统治欲"、"控制

欲"，希望"孩子对自己的愿望"应该比"自己对自己的欲望"的完成率要高得多，通俗些讲就是对孩子的希望要远远大于对自己的希望。于是，在孩子教育方面"强"的味道就特别浓。

那强都有哪些表现呢？在家庭教育中又将如何把握这"强"呢？

强有内外两个方面，内在的、心理的强即为强大，外在的声势上的强即为强势。我们追求的强是内大的强，也就是强大，而非外在的强势。为什么？举个例子就可知晓。如果位次处于"上位"，且声势很大，必然形成压力；如果是处于底层的、用于支撑的强必然是强大的撑力，这很容易博得感恩与感激。总结下来一句话，居上的强势易给人造成压力、让人不愉，也令关系不睦。所以，家庭教育中家长需要内在的强大而非外在的强势！

何为强大？何为强势？

强大表现在多维度。如强大的爱就是孩子是否令你满意，你都会坚定不移地、一如既往地爱他，那是一种淡定不惊的爱。孩子的成绩不仅是检验孩子学习效果的手段，更是检验家长爱的纯度的手段。当孩子的成绩令你尚不够满意时，你还会对孩子讲："没关系的，我相信你，这些都改变不了我对你的爱与信任！"而非"给脸子""使性子""甩袖子"或是"恶言恶语""拳脚相加"。强大是一种持久的、恒定的、有力的、支撑的、保护的力量。

强势主要表现在要求方面。强势是一种场氛围，这种场氛围会有极端的侵入性，会严重地扩张到"别人的领地"以及占据"别人的隐秘空间"；强势极易以自我为中心，别人必须屈从于自己；强势实则内在转换能力极差，对人形成一种压迫感、窒息感、紧迫感，是令人不愉快的势场。表现在：对于要求的不容商量，对于目标的不可改变性。

"弱者生存"告诫家长要"避强势"

弱势教育很容易被孩子接受。这也是一种自然界的生存法则。这一点不难佐证：强大的恐龙灭绝了，老虎很强大却已经成为我们的保护动物了；相反，弱小的蜥蜴却存活了下来；蚂蚁很小，但是它们的力量却是很强大的。自然界如此，人类世界也是如此，教育更是如此！

所以，家长在家庭教育中一定要注意避免强势，要遵循孩子的护弱心理。

人是有护弱心理的，孩子尤其如此，因为护弱很容易使他们的实力得到证明，以收获"成就感"；另外，被人需要、被人依赖是一种温暖，是一种动力源。例如：有所高中，学校正中的木门经常会被学生踢坏，后来换了破门，不久后居然也坏了。最后校长决定将门换成玻璃门。从那以后这门就再也没有坏过！

护弱心理表现在家庭里很明显：孩子通常是维护父母中较弱势的那一位。例如：半夜来访的一对母子，这位母亲讲："孩子把她当成了取款机，他们之间只有钱的关系；孩子说话特别不算数，他们口头契约用成绩换取零花钱——不同的成绩换得不同的零花钱。"可是孩子执着要求"先钱后

分"，她也答应了他，然而孩子的成绩非但没有提升，反而不断地下降。当母子间发生争吵时，孩子便恶狠狠地对她讲："你就认钱，我爸就是让你给赶出去的，你不会眼里只有钱吧？你不是说挣钱都是为了我吗？怎么我的钱我花都不成！怎么给我花钱你就这么心疼！"所以，父母要当心，即便是我们真的很强大、真的很正确，也一定要表现得很弱势，我们要照顾到孩子的心理及情感趋弱倾向。

    弱势教育很容易被孩子接受。这也是一种自然界的生存法则。人是有护弱心理的，孩子尤其如此，因为护弱很容易使他们的实力得到证明，以收获"成就感"。

"凸凹原则"告诫家长要"避强势"

    什么是凸凹原则？就是相处在一起的两方：一方强，另一方容易弱；一方弱，另一方就易强。表现在家庭教育上，不难理解：父母太强势了，孩子很容易弱，也就是"强父母弱孩子""勤父母带出懒孩子"。这一准则效应下，有诸多的现象，如"高知家庭的孩子，往往学习方面很差"，而父母大字不识几个的弱势家庭的孩子相对却要出息很多。这种现象称为"家庭教育的倒挂现象"。所以家长要学会"示弱"。

雅心提示

　　父母太强势了，孩子很容易弱，也就是"强父母弱孩子""勤父母带出懒孩子"。遵循这一准则：我们的家长要学会"示弱"。

教你示弱，教你强大

家长如何做到表面弱势而内心又很强大呢？

　　首先要学习一些简单的智慧与策略：一方面要历练内心强大的"力"；另一方面要学会外在的弱势技巧，即"示弱"。

1. 如何历练强大的力

　　首先要了解何为最强大的力；然后学习历练自己"强大的六力"。

　　强大的力量有两个特征，即软与暖。以风力来谈暖特征：北风要和南风比试谁更有力量。有人穿着大衣在路上行走，北风便施展威力，使劲地吹，结果那人把大衣越裹越紧。北风累了，停止了。南风微微吹起，带来阵阵暖意，那人敞开了胸怀，不一会儿，出汗了，他便脱去了大衣。温暖的南风会让人们自觉地将衣服脱掉，而且是很愿意地将衣服脱掉。当然这要有个度，这个度就是"温"，也就是要求我们"不可过冷"也"不可过热"，一切适合最好！小乌龟我们都知道，你若是用力拉它或是拖它，越拖越拉，它越会往后缩，但是你把它放在温暖的地方，它会自己将头伸出来。这是小乌龟的向暖性。孩子也是有向暖性的。

　　我们再看软特征：舌头与牙齿哪个更强硬？当然是牙齿。舌头与牙齿

哪个更强大？当然是舌头了。因为在我们渐渐老的时候，牙齿基本上是受伤"死"掉了，而舌头呢，反而会因为它的"软"而存活下来。在历史上这样的例子不胜枚举：项羽很强势，但却败给了刘邦；刘备似乎很软弱，动辄就流泪，然而他却靠着流泪与曹操抗衡，靠着"软弱"招来了对他忠心不贰的强兵强将，诸葛孔明不就是被他"软弱"过来的吗？对于诸葛孔明来说，如果是曹操去请，会是什么情形呢？我们很容易想象得出。这说明过硬的易衰，而柔和的却能长存。作为女性最强大的是要温柔而不是强硬，就是当有了矛盾时，不要得理不饶人，也不要没完没了。释迦牟尼说：恨不止恨，爱止恨。争强好胜永远不能停止争论，一个问题被逞强的欲火包围的话，争论的前后没有任何意义，而且这种胜利让你得不到对方的好感，从这一意义上讲，一样是失败！

有个叫金超的孩子，因为与班主任对抗被罚站。原因是金超把任课老师给"赶"出了课堂，任课老师是个女教师，当时是哭着回了办公室，并且找来了他的班主任。班主任非常生气，没有给他好脸，也自然没有好话；他于是顶嘴，班主任就踢了他几脚，他突然像疯了一样对老师动手，后来就被同学们送到了我的办公室。这是一个比我还高半头的男生，衣服穿得"松松垮垮"，"吊儿郎当"、一副没有所谓的装扮；他的眼神乜斜着，双腿叉开，脑袋晃晃悠悠地，一副挑战的神情。我平静地看了他半晌，之后走近他。我发现他的衣服只剩下了一个扣子，我伸过手去……意想不到的是，这孩子一个下意识的动作："马上抬起了手臂，眼睛里一种不易觉察的惊恐。"我的手停在了那里，心里一种酸酸的感觉，我想：这孩子经历了什么让他如此恐惧。那刻我的眼有些湿润，瞬间我看到这孩子的眼光即刻柔和了下来，也瞬间软了下来。我顿了一下，然后伸手过去，给他扣上了唯一的那个扣子，然后对他讲："明天来老师这里，我给你重新换衣扣。"这话说完，孩子的头低了下去。接着我对他说："你们班主任找到你母亲了，他费了好大的周折，而且有一次险些被狗咬到；你母亲有顾虑不肯来看你，为此你们班主任非常生气！你们班主任说了'金超这孩子真可怜……'"我话还没说完，金超突然抱着头号啕大哭。我说"哭吧，孩子，我知道你委屈无助。"说完我就离开了办公室，把他的班主任找了过来……之后这孩子成了他们班主任的"铁哥们"。

其实扣一个扣子没有多少力量，但是关爱的力量是温婉的、是巨大的。说白些就是体谅的力量是巨大的，爱的力量是巨大的。

最大的力量是什么？是"强大六力"，即爱的力量，信的力量，转变的力量，惩罚自己的力量，低头的力量，无言的力量。

例如：有次记者采访斯大林的母亲，问她："您是如何将斯大林培养得如此优秀的？"她回答了记者这样一句话："我还有一个儿子，他在地里刨土豆，他也一样很优秀！"这才是爱，一种没有任何附带条件的爱，一种纯粹的爱，一种真正的爱！

2. 如何示弱

坚忍型示弱：坚忍是一种表情功、一种语气功。这是一种以静制动的智慧，是一种良性气场的智慧，是一种以弱胜强的智慧。从此意义上讲，"家庭教育"是一种"表演型的艺术"，是一种表情更大于语言功力的运用。言语表达功力有这样一个公式：语言功力＝表情（55%）＋语气（33%）＋语言（12%）。上式表明：在表达效果上，表情作用是最大的，而后是语气，最后才是语言。在影片《高山下的花环》中，那位三喜母亲的饰演者就将"坚忍"表现得淋漓尽致。读者可以去看看这部影片，无论是演员的演技，还是其中体现的"位卑未敢忘忧国"的英雄的境界对人都是一种灵魂的洗礼！

折中型示弱：当我们与孩子的需求发生"撞车"或是出现矛盾时，我们若能够采用折中型方案进行变通，这就是一种"示弱"的表现。比如孩子的暴躁：孩子一定要你带他出去旅游一个月，因为你曾经答应过他"如果成绩达标，可以奖励假期旅游一个月"，孩子成绩达到了，可是你由于种种原因不能兑现，于是你们发生了争吵，孩子会和你怄气，乃至"罢工""罢课""罢学"等，以此形式逼你就范，而你又寸"步"不让，你的潜意识里会感觉"如果让步给孩子，实在是丢人的事；实在是一次让你不能承受的耻辱"，为此孩子怒，因为孩子的暴怒也引发了你的暴怒。这个时候我们可以考虑使用"折中方案"，比如推后些日期，缓期执行；减少日期天数；分期安排几项相关的活动，不至于使旅游变得很疲惫。因为家长既然是有承诺在先，就该对自己的承诺负责，当然，后期条件有变，我们可以和孩子商量，这样至少证明：你是说话算数的，你的教育不是儿戏。绝不能失信于自己的孩子！

惩罚自己型示弱：从字面上很易理解，做到却很难！因为没有人愿意承认自己错，更没有人愿为他人的过错承担责任。父母更是如此！改变自己很容易，改变他人其实很难，然而没有人愿意被别人改变，所以，多数人是不成功的。为什么要惩罚自己？因为孩子有错，许多情况是因为我们家长没有教好。就如"没有丑女人，只有懒女人"一样，"没有教不好的孩子，只有不会教的父母"。所以，有了错误家长能够先惩罚自己，实质是给予了孩子榜样的力量，让孩子学会"自我反省"，学会且能够"自我惩罚"。来看下面这位父亲是如何做到自我惩罚的：

父亲终于允许他正在学开车的儿子开车了。但是有一个条件，父亲让儿子去附近的一个汽车修理厂修车，之后，在四点钟开车去父亲办事的米雅斯村子接父亲。儿子很快便修完了车，可他一看时间还早，于是就去了电影院，电影很好看，以至于他忘记了时间，在影院里一连看了四部，等他想起与父亲的约定时，已六点钟了。他知道爸爸会生气，于是就编了瞎话说："修车时间太长。"父亲说你为什么说谎，孩子依旧说没说谎。父亲说："四点钟的时候我给修车厂打过电话，说车早已修好了，只是你没去取。"孩子只好承认了，说了他说谎的原因及当时的想法。这位父亲说："我非常生气，但不是生你的气，而是生我自己的气。我想我是一个不称职的父亲，我让你感觉到对我说谎比说实话更有必要。我不称职，因为我把儿子培养成了一个对自己的父亲都不说实话的人。我要步行回家，好在路上深刻反思自己这些年来对子女教育方面的失误。"儿子说："爸爸，路太远了，天也黑了。你走不了20英里的路的。"无论儿子如何恳求、如何道歉，这位父亲都置之不理。儿子驱车跟在父亲的身后，无论儿子如何央求、如何自我批评都无济于事。看到父亲那沉思又痛苦的表情，儿子难受极了。从此他再也没有对父亲说过谎。

还有一个雅心自我教育案例：

有一次儿子来咨询室接我回家，下楼时随手带上了卫生间里的垃圾，可是没有想到的是儿子刚下到一楼就将垃圾袋随手一扔，于是一袋的垃圾就像"天女散花"般地散落了一地，楼下站着许多的街坊邻居，当时我只觉得非常的尴尬，恨不得有个地缝让自己钻进去。我没有说什么，因为当着这么多的人，儿子一定会很没有面子的。我便低下头将那些散落的垃圾一样样地拣起来，然后扔到了很远的垃圾筒里。不久后，我发现儿子会主动地将垃圾扔到垃圾箱里，无论多远！

教育本身就是"示而范之"的行为，教育本身就是"榜样行为"，教

育本身就是"以身作则"的行为。如果孩子尚不能够做好，作为父母不要急于去责怪孩子，而要先自省自罚：为什么让孩子犯错。大家要相信这种自我惩罚的力量！

父母一方面要历练内心的强大的"力"；另一方面要学会外在的弱势技巧，即"示弱"。

第七章

补钙自己去"力"：撑力给力少用压力

有时家长要学会必要的"狠"，有能力适度地"冷"。比如，发现孩子被一点进步、一点点的成绩冲得头脑发热时，我们就需要给孩子降温；比如，我们的孩子不小心跌倒了，我们绝不可以去扶他，一定要让他自己站起来。

孩子需要——撑力给力少用压力

没有人会在强压力的环境中能轻松愉快且有效地工作。同样大小的力，方向不同结果也大不相同，所以会有"人多力量未必大"的说法，这要看是否齐心合力，用力的方向是否一致。比如，家庭教育中无论是父母亲，还是爷爷奶奶、外公外婆，按他们的本意"都是希望孩子好"，但是因为他们对爱的认知不同，对爱的表达方式不同，所给予孩子的力就各不相同：有向上的，有向下的，有在前的，有在后的。其中的反方向的力就会形成矛盾，于是就出现了家庭教育战争即"六一问题"，就是六个大人对一个孩子的教育战争，这必会让孩子"饱受家庭战争之苦"。不仅如此，

在教育力上，这更是一种"内耗"，这种内耗必造成教育力量的损失，导致孩子处于"疲软状态"。所以，我们要力量达成一致。

　　教育力一致的方向应该如何选择呢？从方向上我们很容易做出选择。对于受力的孩子来说：撑是在下方的向上的支撑力；处于前方的是牵引力；后方的是助推力；上方的是压力。对于这"四方之力"我们作提倡：首推撑力，再选推力，小心多用牵引力，少用与慎用压力。

　　任何人任何时候都需要支撑，二选的助推力仅次撑力，因为用多了，很容易形成依赖性；三选牵引力，此力很易让孩子的方向感功能"退化"，因为有依赖，所以不会有意识地历练自己的方向感，女性多为路盲，这是由于女性的依赖性导致；人是需要一点压力的，压力可以打破"安逸退化"，因为安逸会让人的许多能力退化，让人的"生机老损"，但不可多用，亦不可高压，要把握压力的度。

　　　　家庭教育中无论是父母亲，还是爷爷奶奶、外公外婆，按他们的本意"都是希望孩子好"，但是因为他们对爱的认知不同，对爱的表达方式不同，所给予孩子的力就各不相同，这种内耗必造成教育力量的损失。

家长无钙——无法给力不能撑力

　　要能够给力孩子，家长自己首先要有底力，要有力量。然而现实生活中，大多数父母的教育是无力的，心理是"内虚"的。比如：家长们会没完没了地督促孩子做作业，没完没了地要求孩子的成绩；经常对孩子大发雷霆，经常恶语相加，电话查岗，跟踪等。这就是对孩子的不够相信，对自己教育的不够相信。"无信则无力"，而且无信不仅是对他人缺乏信心，也是对自己的极不自信！

家庭教育的无力现象有：教育暴躁症、教育急性子、侦探教育、法庭式教育、逃兵教育、抱怨教育等。从外在表现上看，教育暴躁是教育急性子的升级版，实则两者是有区别的：暴躁是一种病症，是一种适应能力、转换能力、语言表达能力的不足；而急性子是一种性格的缺憾。教育无力的现象比比皆是。

有位母亲因为多次制止孩子上网无效，无奈之下跳河自杀，结果就在死后三天孩子又去了网吧；还有一位父亲为了找回在网吧上网的儿子，无奈在网吧门前上吊；有位母亲因为孩子一次次地偷家里的钱，一怒之下拿起了斧头；有位父亲因为孩子偷家里的钱上网，一怒之下将孩子扒光了衣服用自行车驮着游街；有位父亲因为孩子将自己新买的车子用小刀弄出了划痕，为了惩罚孩子便将孩子双手用铁丝反绑吊在车库门梁上，结果导致孩子双手被截肢，当孩子问起父亲"爸爸的车子像新的了，那爸爸什么时候还我一双新手呀"时，父亲自责难耐饮弹自尽了；夏菲事件中的夏母，因为不能承受孩子不达标的成绩而经常暴打孩子，最后只因为孩子没有考上班级第一名，而将孩子活活打死，自己也在狱中自杀……有太多的家庭教育的悲剧，其实细想下来就是因为自己内心力量不够强大才会强迫自己以外在形式去"掩盖"。

身为家长，当孩子喊你"爸妈"那声起，你的名字就叫坚强。"父母"这一职位的职责是要求我们坚强有力量，无论什么时候，无论多么艰难，我们都不可以放弃生命、放弃教育，都不可以做生命的逃兵、教育的逃兵；要求我们永远有爱；要求我们要不断地学习、增进自己；要求我们

要与孩子一起共同成长！所以，家长要补补钙！

要能够给力孩子，家长自己首先要有底力，要有力量。"父母"这一职位的职责是要求我们坚强有力量，无论什么时候，无论多么艰难，我们都不可以放弃生命、放弃教育，都不可以做生命的逃兵、教育的逃兵。

家长充电——引领家长补补钙

1. 自我补钙

家长首先要有能够站起来继续跑赢自己的勇气！无论多少次跌倒，无论多么困惑，作为父母要先给自己补补钙；要能够戒愠、戒躁、戒指责，要能够收锋敛芒；要可以以弱养强真肚量；更要修为自己的理念与精神：万里长征修为路，即便艰难也要不断向前；要能征战自己、有向自己开炮的魄力！家长自己做到了坚强，而后才可能引导孩子坚强。家长的坚强表现在"五有"：一是有足够的力量去担当，不可以在孩子出现问题时，夫妻双方互相抱怨或是互推责任；二是有足够的力量忍受平常，也就是做到淡定；三是能够在孩子出现问题时，先查找并检讨自己的问题；四是能够在孩子受挫时不责怪、不抱怨、不紧逼，而是给予支持；五是有足够的耐力等待孩子的成长。

2. 引导孩子补钙

你要明白，孩子是可以成长的，只要我们有足够的耐性。比如孩子练习走路，没有一个孩子会因为跌过跟头而放弃了走路，也没有一个孩子会因为跌跟头而没有学会走路。在练习走路上，家长都相信"孩子一定行"，也相信自己一定能够锻炼好孩子。可见我们是有坚强的"元素"的，关键在于我们能否坚持下来。那么在你需要激励孩子时，你大可以这样对孩子讲："孩子，你跌过太多的跟头，可是你没有放弃练习走路，相信你能够做坚强的自己！跌过之后，你知道在哪儿需要绕道走，所以，孩子别怕！相信你过得去，就和你曾经练习走路一样。"

来看看下面这位做舅舅的是如何教给孩子坚强的。

他的外甥女因没有考上大学来北京找工作。他没有去接她，她是哭着找到他的，她也是哭着上的火车。到了北京后，她玩了两天，两天时间给自己买了四套衣服。他说你可以在一天内花光所有的钱，但以后的钱，你要自己去挣，我不会给你一分钱。他通过朋友为她找了份临时工，当她拿到第一个月的工资时，他又让朋友马上开除了她。她失业了，他祝贺她，说她获得了比金钱更珍贵的东西。他问外甥女想做什么，外甥女说想开店，他让她去买报纸找机会。之后让她看地铁站口，说对面是现代城，是中国人中工资最高的商务区，这边是贫民区，在这里站一天，看人。晚上她说，看了穿皮鞋、擦皮鞋的、卖玉米的；卖玉米的需要本钱，做乞丐的要尊严。他出差几天回来后，外甥女说她想死他了，因为舅舅不在家的日子，她吃了几天的方便面，为此舅舅马上给她租了房，让她搬出去住，并对她说在北京你没有舅舅，即便今天有明天不一定有，今年有明年不一定有。一个人本无依靠，要学会坚强，要学会自己去闯。之后她又找了新的工作，她赚了 4000 元，准备 2000 元寄给妈妈，2000 元做买卖，他说别寄，都留下来做二次创业的储备金。一个月后她血本无归，她哭了，舅舅又对她说别哭，要学会坚强。他说"非典"会弄死一批行业，也会兴旺一

批行业的，你买报看报，后来她马上决定去卖口罩。五天赚了2000多元。再后来她又打算印名片，舅舅让她去敲开每家每户的门，并告诉她要注意礼貌、信誉、质量。之后她的生意做得大了起来，有了些钱雇了两个人，再之后，二十天她赚了六万元。外甥女对舅舅说，她起初恨他，可她学会了坚强。苦难人唯一有价值的资本是学会坚强。

家长要有力量需做到三勿：勿恐、勿扰、勿过责，即不要恐吓威胁孩子，不要打扰孩子，不要过于责怪孩子。勿恐表现：比如对于学习要义的说明，常常会想当然地对不能达成的恶劣后果作夸大的说辞，"如果你考不好，就别进这个家门。""现在升学很难的，就你的基础，用功都未必成，别说就你这样不用功呢！""我都是为了你，才和你妈这么硬撑着的，你若拿不出个好成绩，我撑得也就没有必要了，我就和你妈离婚，你就和你妈过去吧！"勿扰表现：比如孩子正在写作业，你一会儿一杯水，一会儿一个苹果，再一会儿一杯奶，这种关心更是一种打扰；还有些父母会将家里大人之间的恩恩怨怨谈与孩子，给孩子幼小的心灵造成极重的伤害。有个初三的男生和父亲的关系一直很僵，原因是他看到了父亲的一条短信，那是一条很暧昧的短信。孩子从那时起，他就开始厌恶自己的父亲，感觉父亲的诸多说教都是虚伪的，以至于后来离家出走。所以，孩子很不合适介入到大人的感情场中。还有一个女孩子，她的妈妈有严重的"歇斯底里怨妇症"及"疑心症"，这位妈妈会经常地在孩子面前教唆女儿说"你爸爸作风很差的""你爸爸一直就惦记着离婚"等，导致女孩子对父亲的不恭与极端仇视。这种情况在诸多的不和谐家庭中存在，就像流行病一样。

雅心对此想说：无论你是母亲还是父亲，无论你的爱人如何伤害了你，无论你的爱人曾经多么的不道德，你都不可以在孩子面前"恶意中伤"，也绝不可以"强行控制关系"（即不让交往），或是"邪恶授意"。抛开夫妻道德层面，从家庭道德层面上讲，是有违家庭道德的；即便可以不计，但至少此种行为是不道德的！

　　家长自己做到了坚强，而后才可能引导孩子坚强。家长要有力量做到三勿：勿恐、勿扰、勿过责。

第八章

修炼自己的"耐": 耐心呵护孩子慢长

愿望能够得以实现, 一定是符合规律才行。父母要耐心地等待孩子的成长——智慧的觉醒、力量的增强、人生信念与价值的确定。在这个过程中, 父母需要针对孩子具体的行为给予帮助——温情的理解、真挚的同情、诚意的鼓励、恰当的提醒。

家长要历练自己的耐功

孩子能不能在于家长能不能; 孩子的能力在于家长的功夫。家长的功夫中有一项很重要——能够耐。能够耐得住等待孩子的长大, 能够耐得住并与孩子一同在没有掌声、没有鲜花的日子中等待, 这不仅是一种能耐, 更是一种真诚而深深的爱。我们可以从《蚌与珍珠》的寓言故事中得到启发: 一粒沙砾, 粗糙坚硬, 平淡无奇, 毫不起眼, 可能永远都不会被人注意, 可这粒沙砾, 凑巧掉进了张开的蚌壳中, 从此开始了不一般的命运; 蚌肉的柔软是无与伦比的, 因为有了肉质, 它比水更柔情, 因为这粒沙砾, 蚌的生命也有了新的不同寻常的意义。闯入蚌壳的坚硬粗糙的沙砾像一个不规则的刀子，突然给这个柔软安宁的世界带去新鲜的尖锐的痛楚，划破了一个完整的世界；这个在蚌壳之内却又在肉体之外的沙砾，身处这个天堂般的陌生世界，它已没有了自己的命运，它被包裹着、滋润着，它的坚硬和粗糙展现着一种隔绝的力量。这只包裹着一粒沙砾的蚌，外表和别的蚌没有差别，只有它自己知道，它已经不再和别人一样。痛苦已经在体内，永远无法摆脱。命运的不可抗拒，还有谁比蚌更懂。

忍受是别无选择，痛苦无处逃避，时间因此而显得格外漫长，命运似乎永远不能改变。

一切似乎都已定格成永恒，一只含着沙砾的蚌的漫长痛苦在永恒的时间面前是微不足道的。时间被物质隔成了无数段，在这段时间的尽头里，当年坚硬粗糙的沙砾在它折磨着的蚌的身体里已经变成了圆润而又闪烁着光泽的、洁白的珍珠。起初蚌是真的忍受不了那粒沙砾，但是它却无法吐出这粒让它痛苦的沙砾，直至最后成为了一粒价值不菲的珍珠！之所以价值不菲不是因为沙，也不是因为蚌，而是因为它们之间包容的"忍"，包容的"耐"。所以家长与孩子的"耐"很有价值！

雅·心 提示

能够耐得住等待孩子的长大，能够耐得住并与孩子一同在没有掌声、没有鲜花的日子中等待，这不仅是一种能耐，更是一种真诚而深深的爱。

不要祈求对孩子的教育能够立竿见影

1. 及时应答希望效应

我们拍过照片总是希望马上看到照片，点餐过后总是希望马上有饭端过来，这是及时应答效应的体现。表现在教育上即是希望自己说了孩子就能够立刻执行，孩子犯了错误能够马上承认，教过的知识孩子也能够立刻学会。也就是说，父母们总是希望孩子的转变能立竿见影、成才能立竿见影，这种急功近利的想法追求的也是一种"短视效应"。

在这种效应的促使下，家长们期望辅导班给予孩子的"一夜成长"是违逆成长规律的。愿望能够得以实现，一定得符合规律才行，比如你的纱裙无论多么漂亮，在冬天穿是不可能的，我们不能改变冬季就只能改变意愿：不穿裙子或是穿棉裙。所以，父母要耐心地等待孩子的成长——智慧的觉醒、力量的增强、人生信念与价值的确定。在这个过程中，父母需要针对孩子具体的行为给予帮助——温情的理解、真挚的同情、诚意的鼓励、恰当的提醒。所以，父母最重要的品质，就是耐心、敏感、克制、清醒的认识，同时还要有乐观的态度、积极的行动能力。

2. 教育是慢事业

"十年树木，百年树人"，教育是个慢事业，家长一定要接受"慢教育"的观点。教育上的"慢"是客观规律，必须遵守。如前面所讲：愿望与现象不是一回事，愿望需要尊重现实，想让人脑比电脑快，又想让电脑也有人情味，不可能！就拿课堂知识来说，老师不可能让学生一下把自己讲述的问题全部领悟透彻，这还需要学生做习题来巩固。所以，无论是家长，还是老师，不可能一下子就教会孩子。20 世纪 80 年代，美国曾评选"儿童给成人的忠告"，一共十句，其中第一句就是："我的手很小，请不要往上面放太多的东西。"在小手上能放得多就是因为放得快，于是这句话的下句是："请不要在我的小手上面太快地放东西！"

3. 教育要给予孩子什么

雅心告诉你：教育内容自然不是几个琴棋书画培训班，单纯的乡村体验生活之类，而是要"愿意"，愿意幸福，愿意生活，愿意学习，愿意感悟，愿意简单，愿意智慧。表面上可以表述为"十学会"：学会做人、学会自律、学会学习、学会思考、学会乐群、学会审美、学会创造、学会健身、学会生活、学会劳动。所有以上的内容的培养素材是分布在一生的生命中的，我们怎么可以急！

4. 慢慢成长需要耐心教育

周作人曾经批判过儿童文学中存在的两种错误方式。一是"太教育的"，只知道讲道理，教训人；另一种则是"太艺术的"，光知道展现一些过于抽象的虚幻之美。他说："教育家的主张多属于前者，诗人多属于后者。其实两者都不对，因为他们不承认儿童的世界。我觉得最有意思的是那无意思之意思的作品。"何为无意思之意思？就是无为而为；就是不要过分地有为；要适度无为才能真正有为！家长不急，孩子才会自己急着成长！

雅心提示

　　教育首先是需要一个正常的产口，然后是正确的产品。教育不是要急在学文而是在育德！

　　教育不是要跑得多快，而是要跑得对！如果跑错了却又跑得很快，那岂不是很坏的事情！

　　教育培养的孩子要多好而不是多能！

"慢养"才能成"大器"

1. 教育是一生的事业

教育大师叶圣陶先生说："教育是农业而不是工业！"雅心三句话：一句是"教育是种性格、种美德、种心灵的过程。"二句是"教育是用在自己身边的日子影响孩子不在自己身边的未来！"三句是"教育是用家长的改变影响孩子改变的过程。"性格、美德、心灵是一生的修炼，教育是用家长的生命影响孩子的生命；改变自己征服自己是一辈子的事业，所以教育是一辈子的事业，一种缓慢的艺术，一种等待的艺术。急于求成是教育的大忌，父母们要永远熟记"十年树木，百年树人"的教育哲理。

2. 早成悲哀，晚成是福

没有听过"大器早成"吧？这就对了，早成的绝不会是大器，早成的是悲哀。人生平衡论证明：人生是个定数，早早把风光享尽，老来必惨淡；说多了就得少了；想要成就教育的大器产品，就得慢养。下面以"神童"与"大器晚成"对比求证！成大器，是天下所有父母的心愿！所以，对孩子的教育从来没有松懈过，从孩子刚刚出生的筹划，之后的开发智力，以最快的速度向孩子灌输知识和技能，父母总是忙得不亦乐乎，虽然收效甚小，问题不断，但父母毫不妥协将错误进行着。这里来看一个例子：

塞达斯曾是美国家喻户晓的一位神童。他的父亲原为哈佛大学的心理学荣誉教授，他认为，人的大脑和肌肉一样是可以通过训练而不断增强的。为了证明这一论点，他决定在自己的孩子身上进行一系列的教育试验。塞达斯出生之后，父亲便在他的小床周围挂满了英文字母，并在他耳边不断地发出这些字母的读音。6个月后，父亲的教育初显"神效"，小塞达斯已经能够把26个英文字母全部记住了，而且能够读出声音。父亲对自己的教育成果感到非常的自豪，紧接着，他又用各类教科书取代了小塞达斯的玩具，让他独自苦读。这样做的结果确实让小塞达斯的智力发展得很快，两岁他就能看懂中学课本，4岁时他已经发表了4篇文章，6岁的时候还完成了一篇解剖学论文。但是，正当人们对塞达斯父亲的教育方法佩服得五体投地的时候，小塞达斯却表现出了一些反常的举动，比如，在不该笑的时候傻笑。其实这是因为父亲的过分施压使他的神经系统开始失常的一些初期表现，但父亲却忽视了这个危险信号，继续进行试验。在12岁那年，塞达斯被哈佛大学破格录取了。正当人们艳羡地谈论着这个天才神童的时候，塞达斯却在14岁那年因患病而住进了精神病院。尽管治愈后，他又返回学校继续上学，并取得优异成绩，但是他早已对父亲的"试验"和人们的赞扬深恶痛绝。他热切地渴望过一种正常人的平凡生活。于是，他离家出走，改名换姓，在一家商店做了一名最普通的店员。

人是需要均衡发展的，举个简单的例子：如果我们有一条腿长得好快好长，可以吗？可行吗？这可不是难看的问题，而是你根本就无法行动的问题！成长是需要顺次，同时需要比率的！"只让牛干活，不让牛吃草"怎么可以！相反，慢养的孩子反而能够成大器。

著名作家冰心小时候所接受的教育就是一种慢教育。父亲谢葆璋非常爱女儿，却从来没有强迫她学什么东西，也没有刻意去教她要成为什么样的人。谢葆璋的教育非常生活化，比如，他经常带着女儿在筑于半山腰屋子的走廊上眺望大海。小冰心的心每次都被辽阔而深邃的大海所感动。冰心后来说："我和父亲一起看大海，我看父亲也看大海，我觉得父亲的胸

襟就像大海一样宽阔、坦荡，做人就应该那样。"

父母应该怎样"慢养"孩子呢？需遵循"六予一勿"，一是给予孩子按自己节奏成长的权利；二是给予孩子社交及生活的意愿；三是给予孩子犯错误的机会；四是给予孩子自主思考的空间及权利；五是给予孩子快乐的体验；六是给予平常心之爱；一勿是不让孩子感觉到父母的焦虑。

一给予孩子按自己节奏成长的权利：让孩子按照年龄段的培养内容与速度，按照孩子个体特质的承受力来承受教育。比如三岁教爱，七岁教敬，八岁教志，十岁教味道。二给予孩子社交、生活的意愿：孩子只有爱上生活、爱上周边的人才能爱上生活的一切，爱上人所需的一切，有了意愿才可能有一切。三给予孩子犯错误的机会：由于儿童心智尚未完全成熟，犯错误也是正常的。更有孩子犯错的过程也是学习的过程，这种过程是不能完全跳跃过去的，否则长大以后人的抗挫折能力就会大打折扣。四给予孩子自主思考的空间和权利："快养"，一个很大的问题就是儿童缺乏自主思考的时间和空间，各类教育机构和中介机构为了能使孩子在最短的时间内提高学习成绩，基本都采用"填鸭式"或者"模仿—练习—模仿"的模式，这些模式最大的优点就是短期内能使孩子的成绩获得提升，但长远来看，由于这种传统教育模式的束缚，孩子自主思考的空间和能力会受到极大的限制，以至于使孩子在这一时期自由成长的身心智受到影响，有相当的部分可能停止发育或是延缓发育！孩子该成长的身心智受阻，而成长了并不重要的"外物"，这是家长们要警醒之又警醒！五给予孩子一些快乐的体验：乐学才是学好的源泉，所以我们教育的作业是，第一，"家长先让自己快乐起来，然后再让孩子快乐起来"；第二，我们的学习一定要"乐学而后学乐"！六给予平常心之爱：也就是用平常心对待孩子的成功和失败，"慢养"的一个最大特点，就是需要父母们学会用平常心对待孩子的成功和失败。只有父母对成功和失败有个正确的认识，孩子才能正确对待成功和失败；当然"慢养"不等于放任自由。"慢养"是父母根据孩子每一阶段的发展特点而选择的一种解决重点成长过程的养育方式，这种养育方式仍然需要对孩子进行掌控和约束，只不过不能限制孩子应有的自由。一勿是不让孩子感到父母的焦虑：快节奏的现代生活，让很多年轻父母倍感压力。有的父母在工作或者家庭不如意的时候，会迁怒于孩子，或者对孩子寄予过高期望，希望孩子加速成长发展能力，避免以后遇到自己在生活中遇到的种种不如意。年轻的父母们，在激烈的社会环境中保持一个清醒的头脑，维持自身良好的心态和修养，不要随便把自己的焦虑和压力发泄或传导给孩子，要为他们树立一个良好的榜样。

雅·心·提示

教育是心与心的触摸和碰撞，是心灵的深刻交流，只有达到高度的默契，才会产生良好的效果。而这种心灵之间的高度默契不是瞬间爆发的，是在漫长的教育岁月中，在潜移默化之中一点一滴地慢慢浸润、感化而成的。也就是说，教育需要回归到心灵深处，需要慢下来，需要一个持续的过程，这才是教育！

期待教育——倾心教育等待成长

《圣经》里说："世间万物皆有定时，播种有时，成长有时，花开有时，凋零有时。"养育孩子，就像播种，就像花开，需要时间，需要我们

静下心，慢慢来慢慢爱！

1. 不要急，不为急所急

如今是一个速度至上的社会，什么都追求高速度，在"不要让孩子输在起跑线上"的影响下，很多父母在养育孩子的时候也盲目追求高速度。是不是跑得快就一定好？不是的，因为一旦跑错了，那是更大的错误；一旦将身体跑垮了，那损失更大！很多实验证实：过早获取与认知能力不相符的知识，反而影响脑部发育与智力开发，把想象力与创造力从脑部驱逐出去。如此一来，即使孩子不会输在起跑线上，也会累倒在了起跑线上，甚至会输了下面的赛程、输了未来的赛程。得失之间，孰大孰小，一目可见。这样的暂时的"赢"又有什么意义呢？所以，不为现实的急所急，"高速"不是不可行，那是我们教育蓄力之后的待发，但绝不能在培养过程求速成！

2. 要有静等花开的耐力及能量

有一篇叫做《安的种子》的文章这样写道：当冬天的雪花纷纷飘落的时候，寺院里的老师父给了本、静、安每人一颗古老的莲花种子：这是几千年前的莲花种子，非常珍贵，你们去把它种下去吧。本和静立即就开始行动了：本拿了锄头，把种子种到了雪地里，因为看不到种子发芽而气急败坏；静找来最好的花盆，查阅种花的书籍。他的种子发芽了，静把它当成了宝贝，用金罩子罩住，结果枯死了，静垂头丧气。安把种子装在小袋子里，一直挂在胸前，然后像以往一样平静地为寺院扫雪、做斋饭、挑水，晚课后悠闲地散步。春天到了，安在池塘的一角种下了他的种子，有一天担水时看到了嫩芽，到了盛夏的清晨，在温暖的阳光下，古老的千年莲花轻轻地盛开了。

本急于求成，但最后一事无成；静细心呵护，但最终枯死；安平静如水，却饱含着对种子的深深期望。在这急功近利的社会中，安的那份平和的心境，宛如一潭清澈平静的水，是多么难得！故事告诉我们，要怀着希望，有所追求，但一定要淡定，顺其自然。同时，享受生活的过程，享受那些平凡琐碎的小事，享受等待。我们教育孩子就要有等待花开的心境。教育孩子既不能急于求成，也不能过分呵护，要耐心等待孩子慢慢成长，在适当的时候给他的人生以必要的指导。善于等待是教育的艺术。等待的过程一方面可以给孩子更多的探索机会，使其在反复的操作感知中发现自己的不足，尝试自我纠错；另一方面可以给父母更多观察思考的时间，以充分认识孩子的学习规律。反思自己的教育方法，避免揠苗助长。当然，等待并不是消极的观望，而是默默地、积极地为孩子提供引发认知冲突、促进认知发展的机会和条件。孩子知识经验的获得是一个自我建构的过程，家长应该鼓励孩子积极的自我建构，促进孩子主动尝试、提高解决问题的能力。做父母就必须要懂得渐渐放手并做好等待孩子成长的思想准备。在静等中让自己成长，也示范给孩子带着孩子按照"孩子成长所允许的速度"成长！

雅心提示

　　父母对孩子的教育就是要"无为而治"。这里的无为不是不作为，而是有所为和有所不为，有所为就是要对孩子进行充分的启发，不为者就是启而不发时不冒进、不匆忙，能做到不急不躁，顺其自然，慢慢等待。

让孩子从作业当中解放出来

最近网上流行一首《作业歌》："无边落木潇潇下，不尽作业滚滚来。君子坦荡荡，小人写作业。商女不知亡国恨，隔江尤在写作业。举头望明月，低头写作业。洛阳亲友来相问，就说我在写作业。少壮不努力，老大写作业。垂死病中惊坐起，今天还没写作业。生当作人杰，死亦写作业。人生自古谁无死，来世继续写作业。众里寻她千百度，蓦然回首，那人正在灯下写作业。"这首歌就是孩子们的生活写照，作为成人、作为家长我们换位思考，会有什么感触？我想："幸亏不是我！"目前仅就四五年级的小学生，晚上竟然要写作业写到九点半，甚至十点开外。保定市区某知名小学六年级的暑期语文作业，真是唬了记者一跳，除了大量的背诵课文、抄写词句等机械性作业，还要求学生写30篇作文，几乎假期中的每一天都要写上一篇作文，再加上数学、英语两门课程，把这个作业交给我们的大人，需要多长时间完成？再加上我们的"补课小灶"作业。我们不禁会想：这是教育乏术，还是盲目跟风？这又是哪门子的"减负"！

"糖多了不甜。"压力多、压力大定无益！所以，多作业，多害处！何为多？就是超过了"兴趣范围""超过了感觉范围""超过了能力范围"。多作业有如下"四害"：一害是产生厌倦情绪；二害是易于形成拖延习惯；三害是机械学习；四害是影响身心健康。

一害：作业量大，孩子短时间内无法完成，会产生厌倦情绪：无法完成又不得不去完成的事情，久而久之是不会有兴趣的。二害：作业太多，有些孩子想反正是一时半会做不完，不如拖一会儿算一会儿。这就会促使其养成拖拉的毛病，而且时间越长，越是积重难返、积习难改。三害：孩子写作业只顾着赶进度，机械地抄抄写写，根本不用心去记去想，更不要谈创造性和探索性了。四害：孩子长时间埋头做作业，占用的是保证他们身体及智力正常发育所必不可少的睡眠时间。孩子们正处于身体发育的迅猛阶段，必须保证充足的睡眠，才能保证他们体质正常的发育。再看看我们身边的孩子，从小学起就戴眼镜的大有人在，而且上课发呆、发困的孩子更是很常见。孩子没有充足的睡眠，没有充沛的体力，怎能保持旺盛的学习精力呢！

不仅如此，更有家长的"雪上加霜"：各种各样的辅导班、各种各样的素质补充……于是孩子"深受作业其害"，不得逃脱与解放，这样一过就要二三十年！无奈又无望！

总之，"现在最苦最累的是中国的学生"。对于中小学学生而言，学习压力过大，学习负担过重的现象由来已久。有道是"考考考教师的法宝"，结果是"教师累，学生苦"。究其原因：家长望子成龙、望女成凤的愿望非常强烈，要求孩子上各种辅导班，进重点学校。因此，对孩子施加压力；另外，上级教育主管部门及学校考核学校、教师时，过重地看重教学成绩，把对学校、教师的考核，简单地变成对教学成绩的考核。区域学校间教学成绩排位，学校教学成绩设奖。这种管理和引导存在着严重的偏颇性。再加上学生与学生之间，家长与家长之间，学校与学校之间互相攀比竞争，严重地导致了学生学习负担过重。这种现象已经严重地影响到学生的身心健康。有报告指出：中国的学生学习成绩好，但是学生身体素质低下，视力严重下降，学习后劲严重不足，严重缺乏创新能力和创新精神。所以，作为父母或老师，一定要先把自己从一个误区里解放出来，而后再把小孩也解放出来！

作业应该是提高成就感、幸福感的体验器；作业绝不是伤害孩子的凶器！让孩子在"作"有所获，"作"而能获的基础上，减轻他们的作业负担。

让孩子做个幸福的 "笨小孩"

1. 最大的力量是什么？——慢、温、稳

社会的快节奏，引发了家长育子的急性子；家长急性子的强势，导致孩子在接受教育时的压力，于是幸福感缺失！所以，家长们的提前识字、各种类型的兴趣班……此种快节奏强势的加力会让孩子丢失许多宝贵的元素，其中最为主要的就是兴趣与幸福感。

在拉·封丹的寓言作品中，有北风和南风的故事。这个故事在前面讲过，它告诉人们：温暖和友善会比暴力和冷酷更有征服力，因为暴力和冷酷只会使人增加对你的戒备之心，对你敬而远之；而温暖和友善却能让人卸去心灵的盔甲，让你的力量直抵对方的内心。教育，作为一种"人的灵魂的工作"，就应当以"温暖和友善"作为最主要的手段。家长不要强迫孩子学习一些与年龄段不相符的知识，即使我们的孩子不是识字天才，是个琴棋书画都不懂的"笨小孩"，只要孩子感觉幸福，那又有什么关系呢？请放慢匆忙的脚步，让我们的孩子安心做个幸福的"笨小孩"吧！何必要残忍的剥夺孩子童年的自由呢！

俗话说得好，"急于成长的葡萄准涩，急于成长的故事准酸""慢熟的

果子更甜"。外界的促发育手段必须遵循果子本身的成长规律，如果一味通过化肥、添加剂等手段，可能只会带来外形上的成长，许多时候会出现着实让人惊讶的大果子，而其内在的味道、营养成分上都会与正常果子有所不同。正如反季节水果和提前上市的水果的口感通常都劣于正常季节收获的水果。这些水果刚推出来时受到了市场的热烈追捧，当人们认识到其"实质"后，它们便逐渐失去了市场。养育孩子就如同栽培水果，慢慢长大的孩子才具有发自内心的自信和良好的人际沟通能力。作为父母，最应该做的就是认识到孩子的独特之处，以耐心和包容陪伴他们慢慢长大。与"快养"相比较，"慢养"对孩子整个成长过程的健康发展具有更重要的意义。"快养"虽然有助于孩子在短时间内掌握工作生活必需的知识技能，在竞争稀缺的教育资源中取胜，但明显的功利取向有可能让孩子失去对学习本身的兴趣，也没有机会在快速成长的过程中充分享受童年的欢乐，体验各种情感心绪的成长过程。相反，"慢养"强调的则是尊重儿童自身的身心发展规律，在掌握知识技能之外，还要获得个人成长所需要的友情、亲情和自我挑战的勇气和信心，品味生活的乐趣。所有这些才是生活最重要，幸福最必需的！这就是为什么和西方孩子相比，我国的孩子在中小学阶段的成绩远远优于西方的孩子，但到了大学阶段以及就业阶段，西方孩子不仅在自学能力、动手能力上高于中国孩子，在学习兴趣上也往往强于中国孩子的原因。在我们生活中这样的场景屡见不鲜："你这孩子，天天磨磨蹭蹭，作业还写不完。"家长责备着孩子。"妈妈，我一直在写呢。不怪我，老师布置的作业太多。"带着委屈，孩子在解释。"理由还不少，你看邻居家孩子，成绩那么好，都不敢和大人顶嘴，你还翻天了呢！我抽你！""我写，我写，我写。"孩子嗫嚅道，声音越来越低……

2. 教育是以幸福的方式追求幸福的目标——让教也幸福，学也幸福

教育的目标是什么？是幸福！如果我们的教育不是幸福，而是让孩子

受委屈，那我们的教育才是失败的教育！让孩子幸福，就是让他们拥有值得回忆的愉悦童年。回忆我们的童年虽然没有现在丰厚的物质条件，没有一些高级玩具，但是我们感觉那时候很幸福：在农村，去掏鸟窝、捉知了、戳马蜂窝、烧红薯、下河摸鱼、冰上打陀螺；在城里，我们跳房子、摔皮卡、玩自行车比赛……现在的孩子除了参加补习班，就是特长班，一天到晚很忙、很累，而且还要听着父母对他的永无休止的训斥。让孩子幸福就要为孩子的未来着想。教育，要为人的一生发展奠基，为人的幸福生活奠基。但是今天的"快养"方式，让孩子长期处在压抑的生活当中，今天都尚不能够幸福，我们又拿什么来求得未来的幸福呢？

雅·心 提示

我们的教育已经很贫血；我们的教育早已水深火热；虽然终有一天父母们会明白："忙了大半生，辛苦了半辈子，却走在了错误的道路上"；"更可怕的才发现：你给予的越多却亏欠得越多"；你也终会发现"没有比你与孩子的亲情，你们一家人的幸福更有用的了，可是你却丢了"！家长们，亡羊补牢未时不晚！

"笨小·孩" 在长大

成长需要空间，有多大的空间就有多大的成长！成长需要速度，慢慢成长的小孩就被称为"笨小孩"！如果干扰太多，空间又太小，不能够开心成长自然慢，于是小孩就成了"笨小孩"。这所有的"如果"的发生，源于家长。如果家长很辛苦，如果家长够疲惫，如果家长关注太多，如果家长感觉好累，那"笨小孩"就来了；接下来就会"苦小孩"、"病小孩"、"坏小孩"，所有所有都是家长教出来的！当今网络上很流行一个词"直升机父母"，就是累父母：这些父母不停地观察孩子所有的活动，他们在孩子头顶上转来转去，像直升机一样盘旋，又随时准备降落，发出巨大的轰鸣声，几乎挤占了孩子们的所有空间；他们在日常生活中，过度地关注孩子、保护孩子，将大部分精力放在孩子身上，他们不信任孩子，对孩子的大事小情都要做主，都要包办代替；他们到孩子已经上初中、高中了，还要亲自接送；有的大学毕业了也不让孩子离开自己所在的城市去外地工作；还有的孩子结婚了还要留在身边一起住，帮孩子洗澡、做饭、打扫卫生，还把自己的退休金拿给孩子当零花钱，逼着孩子去当"啃老族"，逼着孩子去成为"坑爹一族"，他们极大地限制了孩子的发展。像"直升机父母"一类的家长们要首先坚强：离得开孩子，独立得起来；像雄鹰那样，到小鹰长大了的时候要"狠心"将他们丢下山去。父母要学会"放手"，勇敢地放手，义无反顾地放手，要能够"坚强"，只有这样才能让孩子成为"我自己"！

雅心提示

　　许多时候不是孩子离不开父母，而是父母离不开孩子！许多时候不是孩子不够坚强，是父母缺乏独立与坚强！对于孩子的爱是将他们送出去，绝不是把他们爱在身边！

孩子的成长不可替代

哀乐若快放，那会变成一曲很动听美妙的音乐！煲汤是要慢火的，快了绝烧不出应有的味道！同理，快有快的好，慢有慢的味道！所以"当快则快，当慢则慢"！如果急不可耐，包办取代就是犯了教育的大忌！

1. 急不可耐的生活、自理的取代

作为父母，在这种"快速"的时代背景下，面临工作、生活和教育等各方面的挑战，很多人失去了"陪着蜗牛散步"的心情。他们对"快速"的追求，浸透到了对孩子的教育当中，快餐式的养育和急功近利的心态已给孩子的成长带来严重的影响。父母的使命就是陪孩子走一程，很多人却忘记了自己"陪"孩子的使命，反而喧宾夺主，把"陪"变成了"替"，把"配角"当成了"主角"。一些父母觉得孩子做事情太慢了，大人一分钟可以帮他穿好衣服，而让孩子自己穿三分钟都穿不好。他们觉得孩子洗脸、吃饭、收拾东西都太慢了，简直是浪费时间，所以，这些事情统统替孩子做了。他们忽视了，这样的替代不是爱是掠夺，掠夺了孩子经历成长的机会与实践。

2. 急不可耐的心理、成长的取代

还有很多父母认为孩子太小，看问题不全面，什么兴趣、爱好、特长、专业，不如自己替他们决定。事实上，父母越俎代庖只会让孩子一方面习惯于"听话"，妨碍了独立思考能力的发展；另一方面以被动的心态接受父母的安排，孩子内心的叛逆感日积月累。孩子长期得不到自我意识的表达，自信心就会受打击，长大以后会缺乏判断力和责任感，凡事依赖别人。这种取代是剥夺了孩子心理的成长，所以许多孩子会心理成长滞后，许多男孩子三十多岁了心理年龄也不过十几岁，简直就是一个心理大婴儿。

3. 急不可耐取代的不良后果

急不可耐取代的不良后果是，一是让孩子失去兴趣：父母包办一切，孩子却没有事情可做了；家长情绪饱满，乐此不疲，孩子却早没有了兴趣，在一边"旁观"。二是失去了必要的经验：殊不知，孩子的成长是替代不了的。只有经历了，才能懂得；只有失败了，才可能成功；只有经历失去，才可能懂得爱惜！什么都不让孩子自己来，孩子又怎么能懂得，又怎么能积累生活经验呢？如果一个孩子被剥夺了努力、付出和独立面对生活的机会，将会有什么样的后果呢？三是软弱而没有主见：诸多案例表明这一后果，因为父母以他们的行为向孩子透露了这样的信息：我这样做是因为你还不具备这种能力。孩子一直受这样的信息的影响，慢慢地就习惯了什么都不做，什么也都不想，没有了好奇心；遇到问题的时候就想找个依靠，他们不能够坚强和忍耐，因为他们没经过历练；如果寻求不到帮助，他们就会放弃努力。四是孩子以自我为中心，不善交往：有人被一直当中心，久之"以自我为中心就根深蒂固了"，"唯我独尊"的待遇一旦失去，就会使孩子产生巨大的心理落差，从而影响他与别人的交往，心理就会失衡，孩子本身也因此受到挫折，而让自己跌进痛苦的深渊。五是使孩子养成自私的性格，成为一个不被欢迎的人，什么事情都不自己动手。他已经习惯了将别人的丧失作为自己获取的代价，这样自然不受他人欢迎。综上可以看出"替代"孩子成长，有害无利，养孩子急不得，应该像守护花开一样，慢慢等待。

4. 孩子的成长不可取代

雅心提醒：人，意愿是一回事，能够是另一回事；人，你的意愿不等于我的意愿，你的道理不等于我的道理。也就是说：一是我们要"尊重规律，把人脑当人脑，把人当人"；二是我们要"以我心想人心，我所不愿

勿施于人"，我们都觉得累的事情，为什么要强加给比我们还小的孩子！三是"既要储存过冬的粮食，同时又不可以在夏天就奢侈了冬天的食物"；四是你不是孩子，如何知道孩子所想所愿，等做回了孩子时，我们再教育孩子！

在陪伴中培养

1. 教育成为家长的任务

以色列有一句名言：一个好母亲胜过 100 所学校。有专家指出要想改变目前的教育现状，必须着力改变家庭教育。先打好"家长教育"这个"地基"，建好"家庭教育"第一层"楼房"，才能建设好"学校教育"的"高楼大厦"。父母不等于家长，父母要成为家长是要学习的，就是要在"陪伴孩子的成长中培养自己也带动孩子"。

2. 父母未完成自己的作业

父母要以身作则。若自己尚不愿意，如何培养孩子去愿意；若自己尚不能够，如何培养孩子去能够！"六一"问题反映了教育的失衡，教育的不和谐，所以教育是一家人的功课，是一家人的学习。然而很少有父母去完成他们可以成为家长的功课。最凸显的求证是"隔代教育"。也就是孩子的教育是由爷爷奶奶、外公外婆来代替的，我们的父亲母亲根本不践行自己教育的义务。作为父母不能够教育就无从进行成长学习，所以根本无法合格；能够教育者未必能够学习，不学习也就不成长，所以也不合格；即便有学习，但未必肯完成作业，于是一样不能成长，不能合格！所以，家长的学习与成长是迫在眉睫！不久前，有一份调查显示：北京有 70% 左右的孩子接受隔代教育，上海有 50% ~60% 的孩子由祖辈教育，广州接受隔代教育的孩子占总数的一半。有资料显示：我国是世界上为数不多的存在着如此大比例隔代教育现象的国家，由此产生的问题应该引起我们的足够重视。在家庭教育过程中，父母才是影响孩子身心可持续发展的重要人物。孩子不是行李，父母不能把教育孩子的责任完全推给老人，要为养育孩子留出专门的时间。居里夫人曾说过，家人互相结合在一起，才真正是这人世间的唯一幸福。但是很多父母都忙于挣钱，很少顾及孩子。尤其是近年，父母外出打工，把孩子抛给老人照看的情况日益增多。还有些父母虽说和孩子天天生活在一起，但他们根本无暇顾及孩子，每天也就是早晚见面而已，亲子之间根本没有时间交流，使得孩子原本快乐无忧的童年却没有了快乐。作为父母，我们虽然可以拿出一千个一万个理由来证明自己确实太忙，但我们却没法拿出可以冷落孩子的一条理由——给孩子以融融的家庭温暖，让孩子时时感受浓浓的亲情，这是为人父母最基本的责任和义务！我们一定会说："我们这么辛苦是为谁？还不是为了他们将来过得好些吗？"孩子更需要什么呢？其实，他们更需要的是，一家人在一起的温暖和踏实。有些孩子在性格行为上会向两个极端的方向发展。一方面，有的孩子因为感到父母保护的缺失而变得胆小、懦弱；另一方面，有的孩子因为没有父母的约束而行为失范，变得脾气暴躁、任性，打骂同学，甚至暴力指向、攻击性指向老师与长辈。所以，为了自己也为了孩子，父母一定要挤出时间陪伴孩子慢慢长大！这是我们必须完成的作业！

3. 陪伴孩子从"无产阶级"成长为"资产阶级"

作为父母需要留给孩子一笔财富，一笔可以终生受用的财富，使您的孩子不是"无产阶级"，而是殷实的"资产阶级"！对孩子的培养表现出"五过"：过高的期望、过分的溺爱、过多的干涉、过度的保护、过多的指责，致使孩子中有不少人出现"五无"：无情、无能、无望、无奈、无责任感。我们家长需要赠予就需要先走出误区：

一误：重物质关心，轻精神关怀。也就是说父母更应关注的是孩子道德层面及精神层面的引导，让孩子要有些精神力量。二误：重智育，轻德育。目前，绝大多数父母非常重视家庭教育，为了孩子的前途，不惜倾其所有，请家教、参加各类补习班、特长班，整天忙得不亦乐乎、精疲力竭。但结果却是家庭矛盾不断，亲子关系紧张，孩子出现自私、任性、懒惰、不尊敬师长、不关心他人和集体等不良行为。造成这一现象的原因是多方面的，但与家庭教育中只重智力开发，轻视或忽视思想道德教化有关联。重智轻德的观念如今似乎很普遍，应该引起家长和社会的高度重视。三误：重言传，轻身教。家庭教育更在于践行，而不是嘴上的说理，但现实中不少父母却将言传和身教割裂开来，教给孩子的是一套道理，而自己的行为却与该道理相悖，这就是逆教。例如，母亲教给孩子要孝，可是自己却与公婆战火不断，硝烟四起，如何让孩子信你服你！孩子需要的是能够真正了解与理解他们的指路人、成长的陪伴者、同行人。作为父母既不要冷落了孩子，也不要过度关注孩子。家长只有懂得，才能拥有；因为懂得，才能给予；给予了，孩子才能感恩；感恩自然体谅，自然有爱有敬，于是一切皆顺！

雅心提示

作为父母不要让孩子成为"留守儿童"，或者另类的"留守儿童"；有句话叫"期望越大，失望越大"，有时期待不如等待，能够等待是一种能耐，更是一种能耐的培养！

听到一声瓶响

在常人感觉无望中守护希望。这是怎样的力量，又是怎样的榜样！我们看《看不见的爱》中的这位母亲：

夏季的傍晚，天色很好。我去散步，在一片空地上看见一个 10 岁左右的小男孩和一位妇女。孩子正用一只做得很粗糙的弹弓打一只立在地上、离他七八米远的玻璃瓶。

那孩子有时能把弹丸打偏一米，而且忽高忽低。我便站在他身后不远，看他打那瓶子，因为我还没有见过打弹弓这么差的孩子。那位妇女坐在草地上，从一堆石子中捡起一颗，轻轻递到孩子手中，安详地微笑着。那孩子便把石子放在皮套里，打出去，然后再接过一颗。从那妇女的眼神中可以看出，她是那孩子的母亲。

孩子屏住呼吸，一丝不苟，瞄了很久，才打出一弹。但我站在旁边都可以看出他这一弹一定打不中，可他还在专心致志地打。我走上前去，对那母亲说："让我教他怎样打好吗？"男孩停住了，但还是看着瓶子的方向。他母亲对我微微一笑。"谢谢，不用！"她顿了一下，望着那孩子，轻轻地说："他看不见。"我怔住了。

半晌，我喃喃地说："噢……对不起！为什么？""别的孩子都这么玩儿。""呃……"我说，"可是他……怎么能打呢？""我告诉他，只要锲而不舍，总会打中的。"母亲平静地说，"关键是他做了没有。"我默不作声。

过了很久，那男孩的节奏逐渐慢了下来，他已经累了。他母亲没有说什么，还是很安详地捡着石子儿，微笑着，只是递的速度也慢了下来。我

慢慢发现，这孩子打得很有规律，他打一弹，向一边移一点，再打一弹，再移一点，然后再慢慢移回来。他只知道大致方向啊！夜风轻轻袭来，蛐蛐在草丛中吟唱，天幕上已有了屈指可数的星星。那皮条发出的"噼啪"声和石子崩在地上的"砰砰"声仍在单调地重复着。对于那孩子来说，黑夜和白天并没有什么区别。又过了很久，夜色笼罩下来，我已看不清那瓶子的轮廓了。"今天他打不中了。"我想。对他们道一声"再见"，我便转身回走。走出不远，身后传来一声清脆的瓶子的碎裂声。

这就是欣喜，这就是爱！作为父母，你收获过这么大的欣喜与幸福吗?!

在常人感觉无望中守护希望。这是一种力量，也是一种榜样！

第九章

提升自己的"懂"：懂"笨小孩"沉睡中的声响

虽然你天天面对你的孩子，但是你未必懂他们，这就是"近境盲区"。作为父母，不要等孩子出了问题才不得不解决问题，应该是在尚未有问题显现的沉睡的时段里关注孩子。

其实你不懂孩子的心

虽然你天天面对你的孩子，但是你未必懂他们，这就是"近境盲区"，也是"不识庐山真面目，只缘身在此山中"所道出的人生哲理。曾经有一次面试财务经理，我只问了一道对于财务工作人员来说再简单不过的一道题，可是就是这样简单的一题却使三十五名财务人员被淘汰。题是这样的："谁知道目前百元面钞、五十元面钞、二十元面钞、十元面钞、五元面钞的背面分别是什么图案？"那些被淘汰的应聘人员中有人认为，这个问题也太不重要了，而且这事似乎是与财务无关。我对他们讲"作为一个财务人员最基本的素质是什么？是细心；倘若你做了财务这么久却未能对此作出解答，那说明至少你不是一个细心的人"。我们常常会"太熟悉也

就不太在意"。所以，对于再近不过的我们的孩子，我们也一样会犯"太熟悉从而不太在意"的错误！

人，其实我们许多时候不能够明白自己究竟怎么了？不明白自己究竟为什么会对一个人如此放心不下或是如此割舍不下？不明白自己为什么有时会莫名其妙地发脾气？不明白自己为什么明明知错，却不能不去知错犯错？不明白自己为什么有时候明知是犯傻还要去做？不明白自己为什么会对某种事情不能容忍？不明白为什么某件事情已经过去很久了，而伤却还在心里？不明白自己为什么会在某种环境下突然地兴奋？不明白的太多太多了。对自己尚不能够明白的我们又如何去明白他人，更不用提明白孩子了！为什么？因为孩子"变"的可能性最大，因为孩子自己更不能够讲明白自己，更不能够表达清楚自己。一个三四岁的孩子讲不明白自己的体觉，对于痛痒常常分不清。我的三岁的小侄子，他会把身体所有的不适都讲成"疼"，包括被蚊虫叮咬。其实就是我们成人，也未必能精准地说明白自己身体不适的种种症状，即便是医生也不能穷尽身体不适的所有感觉。这就如人对味道的形容一样，食物的味道有多少？我们又能说出多少？即便我们能够说得出来，对于不同的人来说，对味道的评价也未必是一致的，因为不同的人对味道的敏感度是很不同的，所以理解自然偏差了。以上仅就身体感觉及味道感觉的佐证。因为这是离我们生活最近的内容了。如果对此我们尚不能精准地把握与表述，那么对于不常见的、我们陌生的领域里的内容就一定是更难懂了。所以，我们很难去懂我们孩子的需求；很难去懂我们孩子在尚不能精准地表达自己的沉睡的时段里的声响。

何为"沉睡的时段"呢？就是在我们孩子的逆反、网瘾、早恋、对抗、厌学、特殊喜好、独立见解、自我意识等信号之前，也就是还很"顺亲"的时段。这一段是所有的日后"刺激声响"的形成期，上面提到的诸多问题，包括缺失系列，无怜爱、无敬畏、无感恩、无体谅、无责任等无系列的问题都是因为看似安静的沉睡期里形成的，只是在这一时期，孩子还过于稚嫩，还缺乏相当的勇气及成熟感觉，尚不足以、也不敢表达自己的不满与反抗。等到了成熟期，所有的问题都会爆发出来。

人都会犯"太熟悉从而不太在意"的错误。所以，虽然你天天面对你的孩子，但是你未必懂他们，这就是"近境盲区"，也是"不识庐山真面目，只缘身在此山中"所道出的人生哲理。

听懂沉睡期里孩子的声响

一要懂得阶段培养，即三年养亲，七岁教敬，八岁教志，十岁养正，十一二岁是养慧。二要示范给孩子表达自己心里的感受及需求，特别是不满。三要鼓励孩子表达自己的内心感受，要真实的感受，即便是受伤。四要了解孩子的心理内核、心理受伤层、心理保护层。总之，在沉睡期要做到打好"四个基础"：一是健康基础，这里是指身心健康，人的心理伤痛、心中的刺常常是发生于不自觉中，发生于这种尚不能表达自己心里感受的时候，此时是一生幸福的关键；二是准确表达自己的基础，这个基础包括认知自己、表述自己、词汇量、生活接触量等，此方面是诸多家庭的盲区，是一块所有的领域都尚未开采的盲区，其实很少有人能够精确地说明白自己、说清楚自己；三是培养方向感基础，这一时期是关乎孩子将来是否会迷茫、是否会出现选择障碍的关键时期；四是打下安全感的基础，因

为在这一时期是最需要呵护着的时期，如果这一时期孩子被吓，将会一生安全感缺失。所以，不要以为"睡着就是安全的"，不要以为孩子不敢反抗，我们就可以由着自己去发泄，此一期的错误将会在未来的所有的各个期里以不同的"折磨"呈现给你，让你深受自己教育失误之痛、教育失误之害。

有个很让人震惊的案例：

一个有严重攻击倾向的男孩子，他残酷地杀害小动物，对同学常常会莫名其妙地攻击，其"狠"令人发指！追溯下来，这个男孩子的攻击倾向是源于他在七岁时做的一次开胸手术，在这次手术中因为麻醉师的失误而导致麻醉未起作用，然而当时孩子被催眠，他疼痛难耐却又讲不出来……这是一次怎样的手术，可想而知又是怎样的一种痛苦；身体的病痛解决了，但是来自心理的仇恨却让这个男孩子几近于疯狂！

其实在手术中，因为人被催眠着，那种痛苦让他喊不出来，就如一个人在噩梦中经历"剧痛"，那是一种"怎样的难耐"。

沉睡中的我们的孩子经常会有这种感觉，只是他们讲不出来，现在我替他们讲出来。希望我们家长能够体谅到孩子的那种痛，那种扎到心里却又不出来的痛；试想想，这种痛他要长时间地忍受，直到有一天，他感觉自己似乎长大了，于是，他很想让你体味他的那种痛！即便是这个时候，我们的孩子还是能够有意识地控制自己：因为你们是父母，因为你们是为他们好，因为你们很不容易，因为你们是爱他们的。孩子们也犹豫，也矛盾、也更痛苦。一方面我们家长已经麻醉了我们的孩子，用以上的观点、用诸多家长认为正确的理由；另一方面是血脉传递出的亲情信息，让他们不忍心。从此意义上讲，孩子们还是很善良的。这些"强忍"着的孩子，他们很不快乐，但又无奈，以为这本是人生的味道！另一类孩子忍耐力差，自控力也差，于是在沉睡中你给予他的伤害，此时他们会以"网瘾、早恋、叛逆、厌学、偷钱、顶撞、逃学、离家出走"等形式给你发信号弹：告诉你"我已经到了不能忍受的程度了。"所以，不要出了问题才不得不解决问题，应该是在尚未有问题显现的沉睡的时段里关注你的孩子。

用心去倾听孩子，更要有意识地去了解孩子，要学习去了解孩子沉睡中的声响。

孩子出现焦躁症状：啃手指，有些孩子的手指都被啃到了不长，而家长唯一会做且能做的就是"吓"或"打"；啃钢笔盖，有时会有口吃现象。紧张恐慌症状：尿频、尿急、口吃、眨眼、耸肩、不讲实话、不敢交往、胆小、不敢和生人讲话、尿床等。压力过大的症状：惊梦、紧张性头痛、紧张性恶心、感觉受伤（受伤层已经被侵染）、流泪、没有声音地哭，故意听不到你的指令、而后又装作特别顺从，不喜欢你抚摸他、有意识地将做事情的声音弄大，想提醒你。孩子出现淤火症状：也就是有内火淤积在心里，这一类通常发生在是那些很有思想，很有人情味，但又很好表现的孩子身上，比如和你一同上街看到了喜欢吃的东西，他明明十分想要，但是却不好意思明说，这样的孩子通常会对你说"妈妈（或是爸爸），宝宝乖，宝宝不要"，然后呢，他会盯着你，看你的反应，如果你既没有对他表示赞扬，也没有对他表示理解——赶紧给他买，他（她）的心里就会十二分的不舒服，他们就会表现出来"肚子疼""脚突然疼了""脚突然动不了了"，等等，然后你去揉他的脚，然后你或许去背他，他这个时候就会委屈地哭出来。孩子出现被冷落的不满信号：当大人们只顾自己的工作而忽视他的存在时，你只让他一个人自玩自的，或者是你陪客人聊天，冷落了他，这时他会做些什么来引起你的注意，比如故意弄翻水，故意开大电视声，故意和你朋友家的孩子打架等。有个女孩子在她妈妈与我聊天

时，我们因为一直没有关注她，这孩子就钻进了她妈妈的衣柜，将她妈妈的内衣内裤之类都翻出来，弄得卧室像内衣专卖店，这妈妈觉得孩子太让她丢脸了，一生气让爱人把孩子拖出去"修理"，这位妈妈还同时对我们讲："真丢人，不好意思；这孩子就是这样，有人来就给我丢脸。"孩子感觉被欺骗时的信号：会大哭，有时会出现一些粗口。我儿子刚上学前那会曾经有过这么一回，那天放学回来到我的办公室，当时我给他带了三个橘子，可是他在班级没有舍得吃，因为班级的同学太多，他说他分不过来，所以打算到妈妈办公室里吃。办公室里有两个老教师，他就拿出了两个橘子给了这两个老教师一人一个，还剩下一个橘子给我，我说妈妈不吃，你吃吧。可是就在他刚刚将橘子剥开这时候，又进来一位老教师，那一刻我孩子愣了一下，接下来发生的事一直让我心疼，这时我孩子就捧着这个橘子，眼睛一边盯着这个已经剥开的橘子一边直咽口水，但是他还是走到了那位老教师身边，并且对这位老教师说："爷爷，你吃橘子。"而我们这位老教师也就"假装不客气"地一把将整个橘子放进了嘴里，整个这一过程我孩子眼睛都一直没有离开过老师的嘴，后来看到老师真得嚼了起来，才很失望地回到我身边，然后就突然号啕，边号啕边说："爷爷怎么真吃呀！"孩子有时会莫名地恐惧：有些妈妈在喂孩子吃东西时，会先试试温度，这个时候孩子的小眼睛会定定地盯着你看，你知道是什么意思吗？孩子是担心你吃了他的"伙食"。我的小孩在小的时候会有这样的情形，而且他会盯着盯着，突然大哭起来，因为他担心妈妈把他的苹果都给吃掉了。

　　用心去倾听孩子，更要有意识地去了解孩子，要学习去了解孩子沉睡中的声响。不要出了问题才不得不解决问题，应该是在尚未有问题显现的沉睡的时段里关注孩子。

特别的爱给特别的孩子——关注"两考生"

特别时期的孩子要有特别的关照。对于学业中的孩子，中考与高考是他们人生的关键转折点，那如何把握好这两期关键点，听得懂孩子尚不能明确表达的沉睡中的声响，以便以合适的方式进行呵护与帮助。

这要做到"三一静听"。所谓"三一静听"就是三效应一法则。三效应是指"稻草沉船效应"、"破洞效应"、"构建效应"；一法则是指"平衡论法则"。

1. 静听"稻草沉船效应"

何为"稻草沉船效应"？就是人在脆弱之时、惊弓之时是很敏感的，就如船一样，已经达到了临界值，哪怕一根稻草就足以使船沉掉。这一时刻是绝对的敏感，绝不可以再施加压力，这一时刻是压力临界值时刻。比如提到成绩就崩溃，那个杀了父母的武汉高中生，只是因为自己已经到了崩溃的边缘，父母的所谓"督促"，让他无力承受；为了逃避老师的批评，初中的八个孩子结伴离家出走。还有许多此类案例，即是高压、高期望导致崩溃的悲剧案例。

2. 关注"破洞效应"

何为"破洞效应"？就是不及时修补漏洞，所有的努力都将付诸东流。有个经典寓言：黄昏时分，有个年轻人在海边发现了钻石，他欣喜异常，忙不停地捡钻石，捡了整整一宿，天亮的时候发现口袋里一颗钻石都没有，原来，口袋里有个漏洞。这就是破洞效应。人，其实一生都在努力的

路上；人，其实一生都在一边捡财富，一边守好财富的袋子，因为人生风雨不断，所以要特别关注，否则人生才是天大的浪费！对于孩子的教育也更是如此。如果我们的亲情已经有了裂痕，我们不去抓紧将裂痕补好，而是不停地累积教育，那是徒劳无益的，所以教育要先"破"后立。在亲子关系里，通常的漏洞是伤害，我们不可以"带伤再负累"。对于孩子更是如此。无论是父母还是家长如果有伤就不能进行教育，教育状态必须是健康状态，所以要"先行疗伤"。如何知道孩子受伤或是有伤？这需要我们警觉信号，诸如：叛逆、自闭、自卑、厌学、恐慌、早恋、网瘾等都是信号。收到信号就要尽快"疗伤"，绝不可让孩子的伤痛变成痼疾！前面有提的诸多案例都有"漏洞"，第一方面是亲情有漏洞；第二方面是父母的性格有漏洞；第三方面是父母的心理有波动，有亚健康状态。也就是说，"漏洞即是非正常"。教育者只有正常了解才能进行正确的教育；财富的积累必须要筹备好"财富袋"。这就是"破洞效应"对我们的警醒！

3. 教你构建效应

什么是家？家就是有光亮、有温暖、有自由的地方；家不是条条框框的约束，不是没完没了的絮叨，更不只是一间房。"家"对于孩子的成长至关重要！因为家是孩子有安全感的地方；是孩子有幸福感的地方；是孩子有存在感的地方；是孩子有力量源的地方！然而有大多数的孩子并没有享受到真正家的幸福，因为父母没有给过孩子们"家的感觉"，如何赐予孩子"家的感觉"呢，也就是如何为孩子构建心理之家呢？这需要构建，如何构建呢？需要"三步构建法"。第一步是"疗伤补洞"。第二步是"硬包装"建设。硬包装就是家的"天地门窗"，天是父亲、是伞、是方向、是目标、是庇护、是呵护。地是母亲、是船、是包蕴、是支撑，是柔性力量之源。门是技术，一切一切的技术。窗是艺术，是心灵的通透。第三步是"软包装"，也就是六感道具建设，即是视觉道、嗅觉道、听觉道、味觉道、语言道、心觉道。

4. 平衡论法则

什么是平衡论法则？就是人生受量是个定数。什么叫定数？就如老话说"人吃多少粒米都是有数的"；"说多了，往往会得少了"；"少年多吃苦，老年才能多享福"等。这一法则是与"福祸相对论""人生均衡论"相对应、相一致的。根据这一理论可得：孩子应该从小多吃些苦，对他的老年享福是有至多好处的。凡事一弊必有一利，所以当发现孩子的不足时，定有其另外的闪光的一面，就是说"上帝开上一扇门，必会为我们打开另一扇窗"；"人生，有多大磨难就意味着有多大造就"；"教育有多大的舍就会有多大的得"；"情感，有多爱就会有多伤害"；"家长有多强，孩子就会有多弱"；"父母有多勤，孩子就会有多懒"。对于事情要善于从不利中找到有利，善于通过短板看到长板。能如此，教育必能柳暗花明。

人生懂得很重要！能懂才能知道对方所需，才能给予对方所需，才能得到你想得到的效果；人生是多懂多得，少懂少得，不懂不得。教育亦如此！知彼知己，方百教不殆！要有意识地去让孩子悄悄地成长！

下篇 孩子成长在后

——踏着父母的脚印想不成功都好难

第十章

培养孩子"标"：三生有幸更要五生有福

人的力量比对中，心能远远大于智能。作为父母应该明白：情感指数在教育中远远大于智商指数，情商是源于心理力，智商是源于脑力智力。

培养孩子两"标的"

单纯跑得快未必有用，关键是要方向正确才成。比如船开得快是件好事，但是如果方向错了，开得越快越糟糕！对于孩子的教育也是如此，力度大小、速度快慢是次要考虑的，第一位的考虑则是方向的把握。如果将孩子培养看做是工程，那么，作为父亲母亲的教育其实首先是要"竞标"的，只有竞标合格才合适去做家长。从这个意义上讲，父母亲一方面是工程师，负责孩子的打造；另一方面又是孩子的运营商，负责孩子的市场投放。那么，培养孩子的"标的"是如何界定的呢？在此我们称之为"两标的"，即一标为"情商大于智商"，另一标为"心能大于智能"。第一标是个分比系数，第二标是个能量数。

一标——情商大于智商：情商（EQ）又称情绪智力，是近年来心理

学家提出的与智力和智商相对应的概念。它主要是指人在情绪、情感、意志、耐受挫折等方面的品质。总的来讲，人与人之间的情商并无明显的先天差别，更多与后天的培养息息相关。在此我们需要谈的是情商是发于心的内容，是力量之源、是愿力之源，是开启智力的门，是决定思考的状态。人的成事与成功中情商作用远远大于智商，也就是80%源于情商，20%源于智商。可见情商的比例远远大于智商；另外是无情自然无智，先情后智。所以，更要有意识训练情商。

1. 情商的出处

第一方面情商是有遗传性的；第二方面情商关乎在心理的健康与否，一个人情感要正常首先是心理要健康；第三方面情商是要后天培养的：比如抗挫折训练，比如耐力训练等；第四方面情商是环境所决定的。很简单地，考试我们多多少少都会紧张的，如果考试过于紧张头脑是会一片空白的，这种时候我们的智力就不能正常地发挥作用，所以，情商远远比智商重要。根据这个作用比例，我们对孩子的培养应该更注重情商的培养。

2. 培养孩子的情商

情商培养要做到"四性"，一是关注孩子的阳光性，也就是通常意义上讲的正能量，凡事总能看到好的一面，良性所见利于心境的愉悦，也利于幸福感，更利于良性场。二是情绪保护性，即是对自我情绪的保护能力，对坏情绪的回避能力，如果不能够良性地选择朋友，或者不懂得或是不能够回避不良处，不能够排解干扰，思维总盯在不良处，不能够放弃不善的人或事都是关注保护性的缺失。三是情绪的趋中性：健康的情绪是趋中的、是淡定的，绝不是忽高忽低的。过张过敛，过冷过热，过软过硬都是问题，中正为好，情绪的幅度调试是以趋中为最好保护。四是情绪的恒长性，即是一如既往及恒定的态势，"稳"是需要培养的良好特质之一，而这一特质表现在情商上就是"恒长性"及"持久性"，对于父母来讲，如果教育态度缺乏恒长与持久，就会导致信度缺失。为父为母常常这样攀比：比孩子的聪明、比孩子的记忆力、比孩子掌握的技术。可是殊不知这些是退而求其次的内容，是工具性的内容，因为智慧用处远远大于智力，许多时候能够忘记远远比能够记取更重要，不是吗？许多孩子会对父母亲在教育过程中对他们造成的伤害耿耿于怀、一直影响着自己。艺术比技术更重要，比如装修房屋更在于是一种味道、一种感觉，因为艺术的东西离心更近些。

从此意义上来讲，培养一个有人情味的孩子比培养一个理性感的孩子更有用；培养一个善于忘记的孩子比培养一个记忆力很强的孩子更重要；培养一个会"不为"的孩子比培养一个"能为"的孩子更有益；培养一个能够"放"的孩子比培养一个只会拿的孩子更重要；培养一个会听的孩子比培养一个会说的孩子更重要。孩子能否顺从你是源于能否爱，孩子能否爱是源于孩子的情商，于是关注情商。

二标——心能大于智能：人的力量比对中，心能远远大于智能。上面的话题有告诉我们：情感指数在教育中远远大于智商指数，情商是源于心理力，智商是源于脑力智力。因而，心理的能量远远大于智能。

　　培养一个有人情味的孩子比培养一个理性感的孩子更有用；培养一个善于忘记的孩子比培养一个记忆力很强的孩子更重要；培养一个会"不为"的孩子比培养一个"能为"的孩子更有益；培养一个能够"放"的孩子比培养一个只会拿的孩子更重要；培养一个会听的孩子比培养一个会说的孩子更重要。

三生有幸与五生有福

1. 三生有幸

何为三生？三生是指三种生命类型状态：体能人生、技能人生与智能人生。体能人生是指以体能劳动为生的生命状态，比如工人、农民、家政、服务行业等，这一类人生状态是"流汗"。技能人生是以技术劳动为生的生命状态，比如教师类、医生、杂技演员（也有体能的基础因素）等，这一类生命状态是"磨炼"。智能人生是以智力劳动为生的生命状态，比如设计师、程序员、软件工程师、财会人员、研发类人员等，这一类生命状态是"脑油"。现在通常意义上的认知以为：体能人生辛苦又命苦，技能人生总也饿不到，智能人生开启的是"万般皆下品"的佐证。一种长久的定式思潮早已不知不觉地将家长的认知长久地钉在了"聪明墙"上，以为只要孩子够聪明，成绩就够高；只要成绩够高，未来就够出息；只要够出息，家长就够满足。其实这是错误的，因为聪明与否是智力层面的因素，而智力不是智慧，无法决定一个人的选择，一个人的胸怀，一个人的行事态势。打个比方，同样的音符因为不同的组合、因为不同的调值、因为不同的速度致使音乐大不相同。影片《非诚勿扰》中有这样一段内容：将"哀乐"如果快放，那是一段非常美妙的音乐。同理，人生重要几件事，如果我们将次序作个调换，速度作个改变，结果一定大相径庭。举例一，如果先教给孩子"治孝"，而后再"治学"，教育一定顺畅；反之先"治学"后"治孝"，也就是当发现"治学"进行不下去时，再回头"补"治孝，教育一定是受阻且加大了教育的成本，至少教育者与受教育者双方情感与心理都严重磨损。举例二，先怀孕后结婚，无论是对于外人还是当事人都不会很看好。举例三，对于易于受伤的孩子，你的语速快就是一种伤害。由此可见非智力因素更大于智力因素的作用。体能人生更简单些，因而可能收获快乐，其实往往是辛苦但不命苦的。所以，三生一样可以有幸，关键是我们如何看待三生。

2. 五生有福

何为五生？就是在三生基础上再加上"心能人生"与"核能人生"的五种生命状态。心能人生就是以心理能量为生命呈现状态的人生，心能人生的代表有政教工作者、谋士、军师、导师、精神领袖、灵魂人物、领军人物等；核能人生即是以原子能的威力状态为生命状态的人生，比如伟人、圣人等属于核能人生的代表。我们每个人都有成为优秀、成为领袖的欲望，但只有少数的人能达成愿望。关键的关键就是"时刻警醒、永远铭记"。

要说"人没有做不到，只有想不到"；更要说"只要时刻警醒、只要全力以赴，想不成都不可能！"

　　自来水的水流的高度绝不会低于水龙头的高度，所以目标要高定，要拉动生命核能，引燃生命核能！生命拿送是定数，不很聪明的"笨小孩"情商却会偏高，所以我们要看到我们大智若愚的"笨小孩"。作为家长，要有非常之情商、非常之力量拉动孩子的"另一扇窗"！

第十一章

感恩孩子"爱"：感恩孩子是最近心的地方

人生克服阻隔走进成功、走进如愿是需要能量的。前面三生有幸与五生有福中已有提到生命状态与生命能源。那么谁来输送这能源呢？又如何输送给孩子能源呢？从成本的方面考虑，我们要找个离心最近的地方，那就是"感恩心"。

感恩的生命能量

孩子感觉父母亲对他们有恩且有报答的愿望，这就是感恩心。有感恩心就会有体谅心，有了体谅心就自然生出顺从心，能顺就是爱与敬。于是，教育就通畅、就顺利。因此，感恩心是"心"之源，可以引动"体谅心"、"怜爱心"、"敬畏心"、"顺从心"、"责任心"、"报答心"；感恩心是离心最近的地方、是力量发源的地方、是生命最基本的能量。

雅·心 提示

感恩心是"心"之源，可以引动"体谅心"、"怜爱心"、

"敬畏心"、"顺从心"、"责任心"、"报答心"，因此，父母要注意培养孩子的感恩心。

父母感恩心引燃孩子感恩心

孩子的感恩心丢在了哪里？我们常常会这样痛苦地感觉："孩子不体谅""孩子把我们当取款机""孩子不感恩我们，认为我们为他所做的一切都是理所当然""孩子对我们大加报怨""父母带给了孩子生命，父母养育了孩子，甚至为孩子操碎了心，为孩子付出了财力、物力、精力、辛苦，乃至到最后还要品辛酸，孩子养大飞远了，孩子越出息父母越凄惨。"有些父母怎么也想不明白，这到底是为什么？孩子的感恩心不是自发生成的，不是抱怨就可得来的，不是讲理讲来的；"没有"的东西一定是没有被"给"。因而，孩子的感恩心是需要父母给予的，孩子的感恩心是要靠父母点燃的。

作为父母的我们生养了他们，他们不感恩我们，还要我们去感恩他们。为什么？原因一是"给予理由"，感恩心是要种植的。什么是感恩，为什么感恩，如何感恩，所有这些孩子是需要感受的。感受从哪里来？只能父母给予，有没有其实是因为给没给。原因二是孩子给了我们希望、奋斗的目标和努力的动力，坚忍的承受都是因为孩子；一个人有了孩子往往就会有了收敛，有了孩子就有了克制，有了孩子就有了向好向善，为了孩子我们需要努力人生，幸福人生；更因为造就孩子，父母也得以造就；因为对孩子成长的培育，父母也得以成长，没有孩子就如在一个陌生的城市里没有地图一样。原因三是孩子给我们寄托，父母很容易将自己未了的心愿留给孩子，寄托给孩子，希望孩子能够继续下去。原因四是孩子给了我们乐趣，人生是要有故事相伴的，自己的故事、他人的故事，要有经历还

要有旁观，留给自己的才是"有滋有味"；听妈妈爸爸讲过去的故事，那是一种温馨的"美的拍摄"。有位作家回忆她的育子经历说，在农村下放的日子里，她曾经将孩子绑在了炕上，出工回来发现孩子把炕上的贴着"狗吃鱼"图案里的鱼给"抓破吃了"——这儿子居然"和小狗抢食"！我的儿子也有不少有趣的故事。记得我的孩子在看电视时，看到电视里的苹果就赶紧凑过去，伸手抓着吃；我的小孩学习"你或我"这一类指示代词时很困难，我教得也难，我曾经拍着自己又指着他说"我是你妈"这种形式来教孩子，小孩子也就顺着我的样子拍拍自己、又指着我说"我是你妈"，弄得我哭笑不得；再有孩子对"左右"的学习较吃力。每个孩子都会有太多有趣的故事伴在他成长的过程中，这些故事很有品头。只要你想就可以找出太多感恩孩子的理由：他们让我们感觉温暖；他们让我们有动力；他们让我们看到了干净的世界；他们让我们不致离本心越来越远，因为孩子与老人是最接近世界本源的。教给孩子如何感恩，让孩子能够感恩。这是培养孩子感恩的前提。

雅心提示

孩子的感恩心不是自发生成的，不是抱怨就可得来的，不是讲理讲来的。教给孩子如何感恩，让孩子能够感恩，这是培养孩子感恩的前堤。

感恩的三力培养

孩子通常是有感恩心的，只是因为我们教育中的缺失与误导，让孩子

错以为父母为我们所做的一切都是理所当然的。列举一篇大家并不陌生的文章《一碗馄饨》来看感恩：

那天，她跟妈妈又吵架了，一气之下，她转身向外跑去。她走了很长时间，看到前面有个面摊，香喷喷，热腾腾，她这才感觉到肚子饿了。可是，她摸遍身上的口袋，连一个硬币也没有。面摊的主人是一个很和蔼的老婆婆，她看到她站在那边，就问："孩子，你是不是要吃面？""可是，可是我没带钱。"她有些不好意思地回答。"没关系，我请你吃。"老婆婆很热心地招呼她，"来，你坐下，我下碗馄饨给你。"很快，老婆婆端来一碗馄饨和一碟小菜。她满怀感激，刚吃了几口，眼泪忽然就掉了下来，纷纷落在碗里。"你怎么了？"老婆婆关切地问。"我没事，我只是感激。"她忙擦着泪水，对老婆婆说："我们又不认识，而你就对我这么好。可是我自己的妈妈怎么对我不好？我跟她吵架，她竟然把我赶出来，还叫我不要再回去！"

老婆婆听了，平静地说道："孩子，你怎么会这么想呢？你想想看，我只不过煮一碗馄饨给你吃，你就这么感激我，那你自己的妈妈煮了十多年的饭给你吃，你怎么不去感激她呢？你怎么还要跟她吵架呢？"女孩愣住了。女孩匆匆吃完馄饨。开始往家走去。当她走到家附近时，一眼就看到疲惫不堪的母亲，正在路口张望……母亲看到她，脸上立即露出喜色："你这个孩子，赶快回来吧。饭早就做好了，你再不回来吃，菜都凉了！"这时，她的眼泪又开始掉了下来。

有时候，我们会对别人给予的小恩小惠"感激不尽"，却对亲人的一辈子恩情"视而不见"。为什么？原因有三：一是教育误导让孩子产生了"过度理由"，认为父母为自己所做的一切的一切都是理所当然的；二是教

育伤害损耗，这是因为教育情绪化或是非正常化导致了伤害，使得"恩过抵消"，或是使得"恩不抵过"；三是抱怨型性格导致遮蔽了感恩心，看不见感恩。

如何培养孩子的感恩心？

感恩心培养要做到"三力培养"，即愿力、能力、物力。

一是愿力培养。就是让孩子在情感上接受你，感觉到你的恩德，然后心甘情愿地感恩你。愿力是发于心发于情的。如何培养孩子的愿力？要做到"三三式愿力培养"，何为三三式愿力培养？就是三切勿三努力，三切勿是勿使孩子过度理由化，勿伤害损耗，勿抱怨遮蔽；三努力是爱而无言，恩而无怨，充电正能量。勿过度理由化，即是对孩子的帮扶要有度，给予要得当，为孩子所做的一切都非应该，每次都要让孩子谢过。经常演示给孩子这样的信息，"人家没有这个责任一定要帮你"。就如有个网友经常发一些反社会的材料，有时甚至暴粗口，一天大骂交警，我提醒他说"没有人有义务听你的抱怨"。他很愤然地说："你如此没有爱心……"我告之他说："你还不具备接受我爱心的条件，接受爱心的人一定是弱势群体，而且一定是不邪恶的，爱心是要看对象的。"许多人都喜欢过度地要求他人，过多地赋予他人诸多的责任，所以在"勿过度理由"培养中也同时培养孩子的"适度要求"，不可以无节制地要求他人。勿伤害损耗，如果我们在培养或是帮助一个人的同时，又给予此人严重的伤害，那么就会"恩怨抵消"，外在表现就是"出力又不赚好"，所以恩惠孩子时一定不要抱怨、不要伤害到孩子，否则是劳而无功。勿抱怨很容易理解。三努力是我们要努力做到的：对孩子有爱让他感觉到而且受用，但又不能让孩子因此有压力，因此受到责怪，以致"功过抵消"。充电正能量使孩子易于正向惯性思维并形成正能量场。

二是能力培养。能力是要经过训练与培养的，教育是教育者做给受教育者看的，也就是父母要不断地演示给孩子，比如父亲对母亲说："你也累了一天了，还要回家做饭，还要为我端洗脚水，真是难为你了，非常感谢!"母亲可以对父亲说："真的感谢你为这个家所做的一切，孩子上学，老人的生活费用，我们的出行费用，每次增加支出项目你都要努力加大自己的工作量，你要为我们家的一切开销而努力。有压力就和我说说，我们一起来分担。"久而久之，这感恩就种到了孩子的心里。

三是物力培养。要感恩必须有感恩的物力场、情境场，感恩不是可以随时随地表达的。这是靠情境培养的，比如在音乐场中，在调理场中；感恩是喜弱势的，所以需要弱势场地，举个例子，你义正词严地要求孩子感恩你，是不可行的，即便是孩子听从你的命令，但那非出于心，只是"嘴上的感恩"。

雅心提示

义正词严地要求孩子感恩，是不可行的，即便是孩子听从你的命令，但那非出于心。对孩子感恩心的培养要做到"三力培养"，即愿力、能力、物力。

第十二章
培植孩子"愿"：有愿力才可能有能力

一切的一切，不能够其实是因为不愿意！

不能够学习是因为不能够愿意

　　无论是家长还是孩子，作文是件很令人头痛的事。为什么作文会让人头疼呢？原因很多，这里我们论证一个根本原因：一方面没有人愿意去做创造性的劳动，因为相对模仿、相对学习来说，创造性劳动更辛苦，更劳心劳脑；另一方面没有人愿意或是敢于改变约定俗成的认知，"作文难"的约定俗成已"历史悠久"了。所以说到作文就想到"难"。

　　难了不会，会了不难，这是从智力的层面上讲；从情商层面上讲是喜欢不难，不喜欢好难。作文难并不是对所有的学生家长都应验，还是有部分家长与孩子是相当喜欢作文的，他们将作文与做人，将生活感觉与作文感觉结合一起，将生活喜好与作文喜乐融为一体，于是作文成了滋养他们的一剂调味品，他们幸福快乐地追求着作文的快乐与幸福！由此来说，作文难易不是一概而论的，而是因个体而异的。这更说明：能够写作文是因为能够愿意写作文。其他的学科，所有的培养亦都如此。能不能够是看愿不愿意。

难了不会，会了不难，这是从智力的层面上讲；从情商层面上讲是喜欢不难，不喜欢好难。能不能够是看愿不愿意。

先愿力后能力

和所有的事情一样，教育是要有次序的。我们教育存在着一个普遍的失误就是"只注重能力"。就如感恩心的培养一样，一定是先愿意才可能培养能力。孩子不愿意，一切都没有可能。因而我们要特别关注愿力培养，培实了愿力才能培养能力。所以是先愿力后能力。

父母要特别关注愿力培养，培实了愿力才能培养能力。

愿力丢失在哪里

我们的培养之所以不得力、之所以培养失败，根本是源于没有种植愿力或者使得愿力丢失，乃至愿力受损。如何寻找愿力，然后再种植愿力

呢？研究发现，愿力缺失在"二遗二损"。

一遗是在"无名分"中丢失，就是一开始没有愿力培养的想法，没有认识到愿力。二遗是在"无趣"中丢失，如果我们是以痛苦的态势种植愿力，孩子是不会产生愿力的，人的认知有个定式，叫一致性，就是快乐的事情通常会以快乐的情态表现出来，有趣的事情一定是以趣味的态势体现出来，我们是"苦教"，所以孩子苦学，苦的东西是很难产生趣味的，因而愿力就丢失。

一损是训斥受损，这是说"孩子原本有愿力，只是我们经常因为愿力而训斥孩子，使得孩子对愿力产生怪罪感，这是间接怪罪或是第三方怪罪，使得愿力受损受伤的现象"。二损是道理受损，就是以讲道理来种植愿力的强势方式会使孩子因讨厌强势而讨厌你的理，再者愿力是心理的情感因素，而非理性频道上的内容，所以，纵使再有理，愿力也很难种植，就像无法用秤去衡量长度一样。你的愿力丢在了哪里，孩子的愿力丢在了哪里，找到了吗？

 雅心·提示

快乐的事情通常会以快乐的情态表现出来，有趣的事情一定是以趣味的态势体现出来。所以，父母一定要用快乐、有趣的事情来培养孩子的愿力。

愿力是夸出来的

如何培养孩子的愿力呢？有很多的方法，如趣味法、穿越法、品味

法、成就法、表扬法、鼓励法，等等。在此只谈表扬法与品味法。表扬与鼓励都是正能量的体现，如何使用表扬呢？一定是在最最需要的时候给予，那就是心理承受最弱的时候给予。这里有个典型的例子，以供我们学习与体验。

　　表扬法例题为《好孩子是夸出来的》。第一次参加家长会，幼儿园的老师说："你的儿子有多动症，在板凳上连三分钟都坐不了，你最好带他到医院去看一看。"回家的路上，儿子问妈妈，老师都说了些什么，她鼻子一酸，差点儿流下泪来。因为全班 30 位小朋友，只有她的儿子表现最差；唯有对他，老师表现出不屑。然而她还是告诉儿子："老师表扬你了，说宝宝原来在板凳上坐不了一分钟，现在能坐三分钟了。其他的妈妈都非常羡慕你的妈妈，因为全班只有你进步了。"

　　儿子上小学了。家长会上，老师说："全班 50 名同学，你儿子排在第 49 名，我怀疑他智力上有障碍，你最好带他去医院查一查。"走出教室，她流下了泪。然而当她回到家里，却对坐在桌前的儿子说："老师对你充满了信心，他说了，你并不是一个笨孩子，只要能细心些，会超过你的同桌，这次你的同桌排第 21 名。"

　　孩子上了初中，又一次家长会。她坐在儿子的座位上，等着老师点儿子的名字。因为每次家长会，儿子的名字总是在差生的行列被点到，然而这次却出乎意料直到家长会结束，都没听到儿子的名字。她有点儿不习惯，临别去问老师。老师告诉她："按你儿子现在的成绩，考重点高中怕是危险。"听了这话，妈妈怀着复杂的心情走出校门，她发现儿子在等她。她告诉儿子："班主任对你非常满意，他说了，只要你努力，考上重点高中还是很有希望的！"

　　高中毕业了，第一批录取通知书下达时，学校打电话让儿子到学校去

一趟。她有一种预感：儿子被清华大学录取了，因为在报考时，她对儿子说过，相信他能考取这所大学。儿子从学校回来，把一封印有清华大学招生办公室的特快专递交到妈妈手里，突然他转身跑到自己房间大哭起来。儿子边哭边说："妈妈，我知道我不是个聪明的孩子，是您……"

听了这话，妈妈再也按捺不住十几年来凝聚在心中的泪水，任它打在那只信封上……

我敢说这位妈妈是天底下最优秀、最懂得教育的妈妈。同样是在板凳上连三分钟都坐不住，在幼儿园老师和妈妈的口中竟然是天壤之别。从幼儿园、小学、初中，妈妈通过激励的语言为儿子争取了自信的动力，硬是把一个众人认为不可救药的孩子送进了清华大学。每次面对此文我都会心生惭愧！

品味法例题：带着美丽的心情去品味美，下文是读过张晓兰的美文《种种有情》之后的感受。

读张晓风的文章《种种有情》，感觉她心情很美。读她的文章让我也看到了、找到了生活之美，我回头冲着前面的岁月笑了，即使是苦难这位老邻居，我也没忘记了说声"谢了"。能感恩的日子真好，我的过去、现在、未来什么都好。

文笔一看就是女人的，这才是女人的活法——能找到美，能创造美，能品味美。

文章说，北方人把饺子称为"冒气的元宝"。这还真不知道了。突然很想吃饺子，吃那种自家包的饺子，尤其是小时候春节时的那饺子，那饺子里的祝福，那包饺子的心情，那春节的心境。现在想来好像那各色饺子、那各式作料的种种味道尚在嘴里。

文里说到包饺子的"手泽"，那是完美的留痕。这我信，就像食物的眼欲一样。好像我的食欲多是由于"眼馋"而引起的，就像许多时候我们肚子已经很超额了，可那嘴还"吃而不厌"呢！我总要看那饺子的手泽，手泽有力度的一定是馅多而有滋味的，我父亲的饺子的手泽就很有食欲。看来我该回家了。

文中说到树叶与思想："车过中山北路，劈头落下一片叶子，竟把手里的宋诗打得有了声音，多么令人惊异的断句法。"情景如此交融。哈，这个断句的树叶，竟如此美丽，唤春唤夏唤秋也唤冬，是被浪漫洗礼过的清香渗进了记忆，原来如此多的储存，只是没有一个响亮的名字而已。

文里提到一个热心的女人。此时此刻有了一种梳妆自己的意愿，我有多久没有好好看自己了呢，我又有多久没有悠悠哉哉地穿戴漂亮去满世界逛了。脱离人间烟火也太久远了些。我看未必成神，可能要先成鬼了。

文里说，一位男士，很憧憬他儿时捡到的一元大钞，这一元大钞让他吃了馆子，吃了冰激凌，又买了字典，又看了电影，钱居然还没花完呢。这哪里是一元大钞，是金子呀！这种生活我也想要，我想要变回到小孩去，我想要看电影，噢，对了，要看热闹的露天电影人们突然就像从地里冒出来一样。你说这我们喝着一条河里的水，顶着一块天，走着相同的街道，我们不认识，我们没问过好呀！也许这么一来，没准儿，有一个我的铁哥们，或者是自己的闺蜜呢。

突然想，要么地震一下吧，把人们都从城堡中，从心的城堡中都震出来。那一刻就人心大悟了，人心大爱了，人心开明了。那时候心就不再冷，人心就温暖了。

人心怎么一定要等到经历大难时才大开呢！

美是可以援引美的。美或是善一定是有力量的！

家长们，亡羊补牢，永远为时不晚。《德拉克洛瓦日记》里有这样一句话："哪怕是最果断的人，只要他失去信心，也会变成懦夫。"在此我要说"我们的孩子可以不聪明，但不可以没有愿力！"心里有美才能看到美，心中有景处处是风景。

第十三章

培实孩子"信"：相信自己必定有成

上帝是公平的，关闭一扇门，通常会给你另外打开一扇窗的。所以，我们要懂上帝的习惯，当感觉我们的小孩在某些方面不甚胜出时，就要启动我们的"第三只眼"去找我们小孩"笨"以外的"大智"。

储存过冬的粮食

"人生不如意十有八九"，何况不测常常是无法预料的，所以我们需要储备过冬的粮食。教育的道路上总要历经风风雨雨，坎坎坷坷，总会有多次的跌倒。我们总会鼓励，也会希望"跌倒再爬起"，然而每一次的跌倒都需要心理承受去克服挫败，每一次的爬起都需要积蓄力量。所以，我们家长要为我们孩子的"长征"、为我们孩子的一次次的腾起蓄力。也就是储存过冬的粮食！

每一次的跌倒都需要心理承受去克服挫败，每一次的爬起都

需要积蓄力量。

关闭一扇门，设法找到另一扇窗

上帝是公平的，关闭一扇门，通常会给你打开另外一扇窗的。比如，盲人通常听力出奇的敏感，而且眼盲心明；伶牙俐齿的人通常为劳顿命，多为辛苦；语缓性稳的人通常有巨大的潜质，常会厚积薄发。孩子教育亦如此。平时小考不错的孩子大考往往发挥不得力，学习不错的孩子情商未必高等现象已不少见。

所以，我们要懂上帝的习惯，当感觉我们的小孩在某些方面不甚胜出时，就要启动我们的"第三只眼"去找我们小孩"笨"以外的"大智"。这就需要我们有教育心眼！

当感觉我们的小孩在某些方面不甚胜出时，就要启动我们的"第三只眼"去找我们小孩"笨"以外的"大智"。

构建心理耐受力

能够看到孩子的平常之中的"非常"，看到低下去的"后起"，能够支撑小孩子慢长，能够等待小孩的"睡醒"，对于我们父母来说是需要功力的，其中最大功力之一就是"耐受力"。耐受力不等同于耐力，因为里面还包括一个受量的元素。"笨"小孩的家长特别需要构建心理耐受力，也就是作为"笨"小孩的父母要能做到对待没有掌声的日子，等待孩子的醒来，承受来自方方面面的歧视，承受自己的心理落差。其实"笨"小孩是上天给我们的一个厚爱。仔细想想，如果你能带出一个"厚积薄发"的"笨"小孩，那么，这样的家长一定是一个心理力量十分强大的人，是一个卓越的家长！

"笨"小孩是上天给我们的一个厚爱。如果你能带出一个"厚积薄发"的"笨"小孩，那么，你一定是一个心理力量十分强大的人，是一个卓越的家长！

直面没有掌声的日子

从情感来说，我们更追求"雪中送炭"。我们的小孩在没有鲜花、没有掌声的日子里更需要温情，更需要关爱，更需要心灵的抚慰。在没有掌声的日子里，我们要做到"四个给予"，即给予抚摸、给予力量、给予信任、给予等待。如何给予抚摸：肢体抚摸，眼神抚摸，心灵抚摸。

抚摸是有力量的，有时是必需的，就如我们的按摩，有时并不是有多大调理作用，只是因为"肌肤渴"了而已。我们的皮肤常常会饥渴的。孤独症状里一个最为明显的症状为皮肤饥饿症。这种病症的最大需求及疗法为抚摸。肌肤相亲是亲子关系中常见的一种沟通方式，有时也是一种表达方式。这个作业是依据孩子的不同年龄进行的。例如，洗澡、睡觉、拥

抱、亲吻等。

无论多么温和的马，你不熟悉它，又不肯摸摸它，如果你想骑它，那它一定会一次次地把你扔下去的。然而对被抚摸过的马，相对来说再骑它就温柔多了。对狗来说最好的奖励是摸它的脖子。给猪搔肚皮，猪就会马上有了睡意。动物如此，人更如此。第二次世界大战时，有位前苏联英雄说：我是因为看了一幅宣传画，才成为勇士的，这画上画的是：一个母亲，抚摸着两个孩子的头。英雄说不出为什么，只知道一看这画就恨死德国鬼子，甚至有了非杀死他们不可的想法。一位老人在临死前的意愿是：摸摸儿子。当他摸过儿子的照片之后便闭上了眼睛。所以我们要学会适当的时机适当的抚摸。例如，我们的孩子遇到困境、恐惧、无助、自卑、孤独、委屈等时候，我们不是去责怪他们，而应该以这种方式温暖你的孩子，让他明白你始终站在他身后。无论情形多么糟糕，你都不会放弃他。你是他永远的坚强的后盾！

在没有掌声的日子里，你能一直守着你的"笨"小孩，这就是爱，这种爱会让你的"笨"小孩成长为奇迹的！

在孩子没有掌声的日子里，父母要做到"四个给予"，即给予抚摸、给予力量、给予信任、给予等待。

持久战的心理准备

"笑到最后才算是笑得最好！"能够坚持本身就是一种成功的素质。如果我们父母希望孩子有所作为，能够坚强，我们的父母先要有造成坚强与成功的能量。特别对于我们的"笨"小孩最需要的是这种耐力，这种能打持久战的心理素质。而且这个持久战不是一年两年，而很有可能是二十年或三十年。培养一个孩子其实更是对我们父母的一个培养与考量！

雅心提示

　　如果我们父母希望孩子有所作为，能够坚强，我们的父母先要有造成坚强与成功的能量。

第十四章
启用孩子"觉"：觉被唤醒的六道秘方

人的潜能通常要有80%～90%在沉睡。真正卓越优秀的人士并不是因为其潜质多么出色，而是在于他对潜能的开发与使用。人生之所以会柳暗花明是因为我们有多处潜质。

了解——通常的人生荒芜与潜能量

人的潜能通常要有80%～90%在沉睡。这些潜能或者是根本没有被认识到，或者是从未被开发，或者是开发不出来。因而人生实在有太多的荒芜，比如我们如果是眼盲，就不会看到诸多的烦扰烦心，相应的会让自己清静许多，从而成就许多；比如我们或许可以从事另一领域或者是行业，只是我们没有相应的教育环境，以致有诸多的荒芜。如果父母可以提供相应的环境，有多少人可以成为舞蹈家、音乐家、军人、小说家、表演艺术家……这是因为许多人没有"应有尽有"的教育，以致不可能成就所可以成就的。于是自然有人生荒芜，自然有潜能沉睡与浪费！不仅如此，如果人生能够"恪尽职守"，你一定是比起一般人优秀得多。我们也不难发现真正卓越优秀的人士并不是因为其潜质多么胜出，而是在于他的开发与使用。知道才能做到，我们要先知道人生的潜质潜在哪里。

雅心·提示

　　真正卓越优秀的人士并不是因为其潜质多么胜出，而是在于他的开发与使用。

作用——六感道具炫出柳暗花明

　　潜质隐在哪里呢？潜质隐于感觉里，想象力、创造力、理解力、综合力、概括力、记忆力等智力因素有一个出口，这个出口为"觉"，生活也好、学习也好、工作也罢靠的是一个感觉。觉不"醒"，道就不会开。所以，我们要先认识感觉道，了解有哪些感觉道，之后再探索如何唤醒自己的感觉道。雅心探求的是"六感道具"。何为六感道具，即为视觉道具、听觉道具、嗅觉道具、味觉道具、触觉道具、悟觉道具。用好六感道具会让我们的学习生活工作绚丽多姿，同时会让我们在受阻处柳暗花明。比如利用会声会影软件做视频，就需要调动视听两频的道具潜质；设计美食需要调动视觉、嗅觉、味觉三频的道具潜质。人生之所以会柳暗花明是因为我们有多处潜质；上帝之所以关上一扇门，必开一扇窗也是因为我们有多处潜质。其实在生命中，我们有用到的实在是太少太少，更多的是被我们给荒废掉了。

　　觉不"醒"，道就不会开。所以，我们要先认识感觉道，了解有哪些感觉道，之后再探索如何唤醒自己的感觉道。

依据——有心有眼才能心明眼亮

　　我们有时会一叶蔽目；我们有时找东西越是着急东西越找不到；我们写文章时灵感并不是想要来就来的；有太多的"莫名其盲"，比如我们对身边人的好、对身边的财富常常会视而不见，直到失去才开始感觉可贵。为什么？人心有盲点盲区。为此就需要为我们的心点燃一盏心灯；要为我们自己也为我们的孩子种上"十颗心"与"十双眼"。"十颗心"是：怜爱心、敬畏心、感恩心、体谅心、护尊心、宽容心、理解心、和谐心、快乐心、幸福心。"十双眼"是：顺眼、对眼、过眼、正眼、入眼、非势利眼、抢眼、慧眼、养眼、睁只眼闭只眼。有了十心十眼才能心明眼亮！

　　人心有盲点盲区。为此就需要为我们的心点燃一盏心灯；要为我们自己也为我们的孩子种上"十颗心"与"十双眼"。

视觉——关注并唤醒孩子的好色

人是视觉动物。我们心理的许多元素是源于视觉，我们的怜爱、我们的敬畏、我们的感恩、我们的体谅、我们的快乐，直至我们的幸福都离不开我们的"视"。视的用处很多，她有"四养"，第一是养生，比如美食讲究"色香味俱全"；第二是养心，视觉可以养心，美的花花草草、美的景色、美好的事物很入眼，也可以养眼，养眼的东西就是"使心赏使目悦的宝贝"，如果我们父母注重"眼缘效应"，对孩子注重自己的表情，以表情给予鼓励、给予温情、给予支撑，给予我们小孩所需的一切，对孩子来说就是养心，眼神是养心的一个亮点；第三是养德，我们见到了一个男孩子大冬天将自己买的新鞋脱了下来，给一个赤着脚的老奶奶穿上了，这一幕所见会让我们大受道德震撼，也会引领我们的"善"，这种看见就起到了一个"养德"的作用；第四是养情，视觉可以养情，比如我们看到了父母亲因为我们的错而惩罚自己时，小孩子的心会被深深地震撼，这种看见就起到了一个"养情"的作用，养我们与孩子的亲情。

所以，练习孩子的潜质要关注孩子的视觉。如何关注？要学习"两关注"，一是关注孩子的视觉环境，孩子的房间颜色要"色彩亮丽"，避免太成人化；饮食调理要注重营养还要注意色彩；孩子的衣服，孩子的文具、玩具要色彩跳跃，切忌按照大人的喜好给孩子买东西，送孩子的东西一定是孩子喜欢的，而不是大人喜欢的；还要有些花花草草，既可以养孩子视觉，又可以培养孩子的养心与劳动能力。二是关注孩子的教育视觉。人是近朱者赤、近墨者黑，小孩子身边的人文环境都可能成为孩子"沉默的老师"，所以对孩子身边的朋友、接触的人群、所看的影片动画片、书籍等都要做审查。养育孩子不仅是让小孩子吃饱了，然后不停地督促小孩子

"写作业"，我们不仅要喂肚子还要喂脑子，不仅要养嘴巴还要养眼。作为家长，你平时注重过对孩子"养眼"吗？

父母养育孩子，不仅要喂肚子还要喂脑子，不仅要养嘴巴还要养眼。

听觉——以音乐和故事开发潜质

1. 学习音乐浴听觉激发术

听觉中最有功力的"头彩"当属音乐了，前面有讲过爱音乐的人很难变坏、也很难堕落。所以，对于听觉潜质的开发，我们就谈音乐。

（1）音乐的作用

音乐是生活中的一股清泉，是陶冶性情的熔炉；通常是在潜移默化间使人的心灵得到净化，音乐改善人的性情，音乐是上帝赐予我们的宝贝！德国著名音乐教育家卡尔·奥尔夫所说："完全没有音乐感的儿童是罕见的，几乎每一个儿童从某一点上都是可以去打动、可以去促进的。"音乐是美的天使，音乐是快乐的天使，音乐是个精灵伸着无数的触角激活我们的生命。爱好音乐的人很难变坏，因而音乐又是一个最美的"品德教员"；音乐有着太多"养"的功用：养身、养心、养德、养智、养慧；音乐给予人们太多太多：希望、向往、美妙、快乐、幸福、爱与感动等，因而音乐是最低成本的教材。音乐可以让我们的小孩愉快、心情舒畅。好的乐曲能够增进孩子的身心健康，促进智力开发、形成良好的个性情操。所以，父母们要记着请来"音乐"这个好助教，开发我们孩子的感知力、创造力，体验美感，从而更好地发展孩子感受美、欣赏美、表现美的能力。当然如果孩子愿意，家长也可以有意识地对孩子进行音乐天分的培养。

（2）培养孩子音乐潜质

一是物质准备。如电视图像，与幼儿共同创设背景、道具、音符图案等。

二是要巧妙提问。家长会问比会讲更有用。比如在欣赏曲《网小鱼》时，在屋子里提前布置以"鱼池"为主题的场景，让孩子走进池塘感受氛围，提出"小鱼要生活在哪里""小鱼会遇到什么"等让孩子参与讨论小鱼游泳的种种趣事，感受大自然的美好，听优美的歌声《网小鱼》去发掘池塘里的美。如果有这样的体验，孩子会很自然地进入角色，体验音乐带来的快乐。

三是能创新体验手段。让孩子跟着自己的感觉随意地跳或舞；或者让孩子依据故事自我编舞，既激发孩子的想象力与创造力，又可以放松孩子的身心。

四是会创造欣赏意境。例如《龟兔赛跑》，通过熟悉龟兔的两段主题音调，及父母的语言引导，从而让孩子展开想象的翅膀，完整地演绎故事情节，并能深刻地理解《龟兔赛跑》的寓意。父母要引领孩子主动参与，动起来、玩起来、模仿起来、表现出来，丰富他们的感知，积累素养，发展思维，从而达到陶冶情操、培养审美情趣的目的。

（3）学会用音乐安抚孩子

音乐可以安抚孩子，首先要从"莫扎特效应"说起，心理学家弗朗西斯·罗彻对 36 位大学生做实验，让他们在做一些空间推理题之前听 10 分钟莫扎特的 D 小调奏鸣曲，其他的人保持安静。结果，在将一张纸叠几次剪开会是什么形状的测试中，听了莫扎特音乐的人有明显进步。或许这个结论有些夸张，但是音乐在人的生活当中确实发挥着不可或缺的作用，尤

其是在培养孩子的过程中。德国伟大的音乐家贝多芬曾说过："音乐是比一切智慧、一切哲学更高的启示。"凯普比奥是一位写了超过 20 本关于音乐、健康和教育的书籍的古典音乐家，他提出"音乐对大脑有极大的梳理作用"。音乐不仅可以愉情还可以调理身心，比如催眠，比如心境转换，缓解压力，调理情绪。对于控制来说，美妙的音乐一定优于训斥，美的事物很容易形成美的事物，对于暴躁的孩子，对于情绪不稳的孩子，我们可以用音乐来安抚。比如孩子表现出坏情绪时，爸妈可以适时打开轻柔的音乐去安抚。达尔文说过："我每周至少要听一次音乐，只有这样，我脑子里那些现已衰弱的部分，就可以保持它们的生命力。"

音乐能够传递情感，对人的素质的提高有极大的作用。当孩子意志消沉的时候，父母不妨选择那些令人情绪高涨的乐曲，这时候就会让孩子振奋精神，鼓舞斗志，增长知识，开发智力，陶冶情操。音乐所给每个人综合素质的提高，给人们带来的快乐和勇气以及产生的良好效果都是巨大的。所以，日常生活中，父母要用音乐激活孩子的每一个细胞，让音乐成为培养孩子的一部分。

（1）支持孩子生活中的音乐游戏

音乐游戏是儿童学习音乐的最好形式，是促进幼儿身心和谐发展的重要途径。音乐游戏使幼儿在快乐中训练了听觉、视觉和运动觉，还能提高幼儿的语言能力，对儿童进行思想品德教育，并能促进儿童身心的发展。有哪些适合孩子的音乐游戏呢？律动、歌表演、音乐游戏和集体舞等。通过音乐游戏可培养孩子的交往合作能力，感受生活的能力。

（2）支持孩子开口唱放声唱

唱歌首先是一种运动，唱歌还可以排泄，因为唱歌需要呼吸；唱歌可以愉悦自我，可以健身；"歌中有情，歌中有景"，因而唱歌是一种美的沐浴；唱歌可以培养自信，找到成就感，因而要鼓励孩子开口歌唱！

（3）学习音乐浴听觉慧激发术

音乐是以美的形式在培养美。音乐是个好东西，我们要用对待好东西的方式对待好东西。音乐可以养生、养心、养智、养慧、养德、养情；音乐还可以给力、给感觉、给灵感、给思路、给希望、给信心。我们要关注音乐、用好音乐，特别是要学习"音乐浴听觉慧激发术"——音乐四激发，一是"灵感沉睡激发"，当我们的灵感"千呼万唤"不出来的时候，合适的音乐会打开这些精灵的"门"，所以，当我们写作或是创作处于枯竭状态时，我们可以用"音乐浴"进行刺激；二是"情绪调理音乐浴"，当孩子的情绪处于低落时，情绪处于不能自控时我们可以试着用舒缓的、安抚的音乐去呼唤"宁静的天使"过来主持"情绪残局"；三是"养心音乐浴"，当孩子的心灵有伤或受伤时，我们可以用"补偿性音乐"给予疗伤；四是"给力音乐浴"，当孩子缺乏自信，丧失安全感，出现抑郁或是低落时，我们可以通过昂奋有力的音乐去给力孩子。当然音乐浴听觉激发术还可以有许多，只要我们家长有心，相信你们一样可以成为一名优秀的教育专家，至少成为您孩子的教育专家。

美国哈佛大学的心理学教授认为，我们做的任何事情，是由父母的遗传以及可获得的环境机会两方面因素共同决定的。如果你想培养自己小孩的音乐潜质，那就要关注两点：天分引导与环境熏陶。

2. 掌握故事养听觉餐补充术

生命中的每个存在都是必要；生命中的每个存在都需要去培养；我们

不仅要喂肚子还要喂脑子，更要喂眼睛、喂耳朵、喂味蕾、喂鼻子、喂心灵；也就是养胃、养眼、养嗅觉、养听觉、养感觉、养味觉、养悟性。喂养要涉入多样才不单一，才不荒废才不少营养。所以，对于我们的耳朵，特别是"笨小孩"更要多方位开发。最打动人的"听觉养"除了音乐还有"故事养"。故事对于孩子有哪些启发？如何以故事养听觉？

"故事养"的作用有"六能"。一是能开启智慧；二是能探索世界；三是能明理；四是能育德；五是能引导快乐；六是能改善自我。

（1）故事可开启智慧

在孩子的眼里故事就是生活，生活就是故事。实践证明常常给孩子讲故事，能够引起强烈的求知欲望，更能开启智慧的大门。人都喜欢形象生动的接受，因为不累思维，特别是正在成长期的小孩子；故事的新奇、多变、刺激、情节性是兴趣所好。特别是控力耐力不够的小孩子。所以，常给孩子讲故事，以此开启孩子的智慧、培养性格、陶冶情操。

（2）故事能探索世界

在进行某项活动之前利用空闲时间给孩子们讲一个故事，孩子不但喜欢，还能运用故事的知识。例如，在户外活动之前，给孩子讲小动物想吃树上的苹果，可是够不到怎么办？孩子会积极的想出很多办法，"也可以让小猴子爬到树上去，它也会爬树"，"踩在大象的背上"……孩子会想到很多办法。这就是以故事进行思考，进而探索世界。故事可以使孩子更多了解自然、社会现象，父母可以把这些现象编成小故事讲给孩子听，设计问题，启发思路，从而提高孩子解决问题的能力；以故事易于让孩子理解学习。

（3）故事可明理

故事能将枯燥的道理形象化、趣味化，让孩子易于接受并乐于接受。"小故事大道理"类就是属于此，通过一个小故事让孩子明白一个大道理，不用强化不用辛苦，愉快地讲故事让孩子愉快地接受。故事的作用很大，有些时候一个故事会影响人的一生，或者一个故事决定人的一生。比如"龟兔赛跑"说明了"笨鸟先飞"的道理；猫头鹰的故事讲了，它不停地搬家，因为邻居们都说它的叫声太难听，后来鸠鸟建议说："为什么不改改自己的叫声，而是抱怨邻居不能欣赏你，而不停地搬家呢！"还有一个故事，讲一个小男孩在自家院子里玩"开火车"，他的火车车厢不小心"跌"进了一块大石头，男孩用尽了全力，这石头就是搬不出去，爸爸说他没有尽全力，小男孩很委屈感觉自己已经很累了，后来爸爸告诉他："我就站在你旁边，你完全可以让爸爸来帮你，你只需求求爸爸。"这个故事告诉我们，要学会借力，学习求助，这一样也是我们的努力。这就是告诉我们凡事要多从自身找问题。故事的道理你一定会信，也乐于接受，孩子就更如此了。

（4）故事能育德

道德种植通常是利他性较强，这于个人价值的自我保护来说是一种挑战，但是如果将枯燥且要违逆"小我"的德育种到孩子心中，故事是一个很不错的方向，我们叫它"故事养德"。

有个真实的故事：

1490 年，丢勒和奈斯丁是一对好朋友，均是奋斗中的画家。由于贫穷他们必须半工半读，可是这样进步很慢，最后他们决定通过合作的形式实现他们的理想，即以抽签的方式决定，结果是：丢勒先学画，奈斯丁工作支持两人生活。丢勒成功之后，再工作支持奈斯丁学画。几年后，丢勒成功了。丢勒在没有告知对方的情况下去看望他的朋友——奈斯丁，意外地发现奈斯丁正合起因操劳过度而变形的双手，跪在地上，安静地为朋友的成功祷告。看着这双手，天才的艺术家丢勒心里深受触动，他赶快赶回了

住所，以最快的速度描绘了他这位忠心朋友的双手。后来这幅画成为了举世闻名的名画——《祷告的手》。

这幅画之所以成为世界名画，这样被人看好，我想不仅仅是他的艺术价值，更是它蕴含的情感价值、思想价值；更是由于这幅画中所叙说的这一高贵的故事，故事的高贵、人心的高贵，这高贵中宣扬着何为爱心、牺牲、辛劳与感激。它是想以此提醒世界的人们，久违了那种无私的奉献，告诉人们怎样相携相扶，怎样互相感动。这就是道德故事，这个故事讲述了一个"知恩感恩"的故事。

（5）故事能引导快乐

其实故事本身就是快乐，无论是听的人还是讲的人，只不过快乐的层面不同而已。有些故事的快乐是让你忍俊不禁、马上开怀起来的，而有些故事是要咀嚼之后的，就像有种家酿的红酒，喝着淡淡的、美美的，感觉没什么大碍，但是它是讲"后劲"的，不会马上让你醉，但是一醉就要十天八天一样。有个故事说：

小猫、小狗、小猪、小猴、小熊、小鸭、小羊、小牛、狐狸同在一船到对岸去看戏，走到河中间船突然开始下沉，原来是超载。于是狐狸出主意说："我们以讲笑话的形式决定，每人讲一个笑话，如果你的笑话有一个伙伴不笑，你就要自己跳下去。"第一个讲故事的是小猴，小猴的故事有一个伙伴没有笑，这个伙伴是小猪，于是小猴被扔到了河里；船还在向下沉，第二个小鸭开始讲故事了，小鸭的故事也只有一个伙伴没有笑，这个伙伴还是小猪，于是小鸭被扔进了河里；小船还在下沉，于是第三个小羊开始讲故事了，可是小羊刚刚开头小猪就忍不住笑了，而且只有小猪一个人笑，大家问小猪笑什么？小猪说："刚刚明白小猴的故事好可笑！"

这个故事起初让人发笑，同时也是说"人的反应速度是很不相同的"，就像我们常说的"慢热型人"。

还有一个有趣的故事讲的是一只搞笑的兔子：一天，一只兔子蹦蹦跳跳地跑到一家花店问花店里漂亮姐姐说："有胡萝卜卖吗？"漂亮姐姐说："这是花店，没有胡萝卜。"兔子蹦蹦跳跳地走了。第2天，这只可爱的兔子又来了。她笑着问漂亮姐姐说："有胡萝卜卖吗？"漂亮姐姐说："不是告诉过你吗？！这是花店，没有胡萝卜，你再来这里买胡萝卜，我就把你的两只长耳朵全部剪掉！"兔子吓得落荒而逃了……第3天，这只可爱的兔子又来了。还没等兔子开口，姐姐大声地吼了起来："这里不卖胡萝卜，你给我滚！"兔子小心翼翼地说："我不买胡萝卜，我……我……我买剪刀。"漂亮姐姐一听笑了，看到姐姐笑了，兔子又试探着问："姐姐，店里有胡萝卜卖吗？"

听完故事，我们起初笑这兔子的可爱，继而会有所感悟。

（6）故事能改善自我

故事许多时候会让我们的心豁然开朗，茅塞顿开。就像说理一样，我们可以用故事的形式引导，既不枯燥生硬，又让人有颜面、易于接受。如今生活中有相当的人会将固执当坚持，无论如何碰壁、到死都不肯悔改，我们可以继续用上面的故事，告之这个故事除了让你"开心一笑"还应该有一个道理藏在里边，是什么呢？小兔子找胡萝卜为什么一定要到花店里呢？所以，我们要学会变通，遇事受阻要适当变，变才能通，所以我们讲变通，如何变通就是"扩一扩、缩一缩、收一收、敛一敛"。再如，许多脾气急躁的人常常以自己是好心为由，为自己的坏脾气开脱，言下之意是"只要愿望是好的，脾气坏些应该理解"，其实既然是好心，为什么要坏脾

气呢？而且坏脾气的人从不认为自己对他人会有伤害，认为只一会儿，也没有说太多，想想：开枪也不过一分钟的时间，可是那可是要人命的事，并不是短的事情伤害就小，也并不是我们以为无所谓就无所谓，"说者无意，往往是听者有心"，而且通常是家长说者无意，孩子听来有心。

我们不仅要喂肚子还要喂脑子，更要喂眼睛、喂耳朵、喂味蕾、喂鼻子、喂心灵。也就是养胃、养眼、养嗅觉、养听觉、养感觉、养味觉、养悟性。喂养要摄入多样才不单一，才不荒废才不少营养。

(7) 如何以故事养听觉——五会故事养

什么是五会故事养，就是会给孩子讲故事、会给孩子编故事、会带着孩子演故事、会教孩子讲故事、会教孩子编故事。

● 会给孩子讲故事

有首歌叫《听妈妈讲过去的故事》，那里面有让人憧憬的怀旧味道，对此孩子更是喜欢。

如何给孩子讲故事呢？讲故事要有三巧两选。三巧是：一是时间技巧，二是情境技巧，三是道具技巧。讲故事要有时间技巧：睡前讲好故事、失意时讲励志、伤感时讲轻松、紧张时讲放松、迷茫时讲智慧。家长要重视孩子的梦，让孩子做个好梦，那睡前要讲个好故事、美故事，让孩子带着好梦入眠，讲故事是家长的一个必须会的基本功。时间技巧要求家长有故事类型准备，包括励志的、轻松的、智慧的、德育的等。情境技巧，讲故事注意设置环境，如音乐、灯光、音视频配备等。讲故事还要准备道具，如帽饰、服装、背景等。另外，讲故事还要注意两选：注意故事内容的选择，注意讲故事方式的选择。内容一定要与需求匹配，要正向积极，要适合年龄段；方式是可以合作讲故事，扮演型讲故事，配乐故事，问题故事，任务故事，阅读故事（边阅读边讲）等。

需要特别提出的是"亲子阅读"：就是在家长的协助下进行的故事阅读，这种形式不仅非常利于孩子的成长，益于增强孩子对书的兴趣，更有利于密切亲子关系。这种形式是家长参与的阅读，适合大孩子，人都喜欢"有人伴随自己的心情"，所以，人是喜欢有人分享自己的感受的，孩子更是如此。于是亲子阅读是个首推形式，其读物是：纸质的、电子的、音像的、活动的等，要为孩子构建自己的小书架，非常漂亮的小书架。亲子阅读可以采用的形式有：家庭表演形式，体验形式，故事微形式，微拍（讲故事时的微电影），悬念激发。一个好老师通常是个会讲故事的老师；同理一个好家长也一定是个会讲故事的家长。一个个故事就像清晨的朝阳，柔柔地洒向人的心田，暖暖的，甜甜的，涩涩的，滋味种种。

雅心提示

> 一个好妈妈一定是一个会讲故事的妈妈；一个崇尚读书的民族一定是一个理性的优秀的民族；一个崇尚读书的社会一定是一个充满希望的社会；而一个崇尚读书的家庭一定是一个温馨的家庭。让书籍的阳光照亮他们的生活，用书籍的翅膀带动他们的智慧，以书籍的浓厚底蕴塑造他们的人文素养。

● 会给孩子编故事

故事是哪里来的？是人编出来的。一个好的讲故事高手一定是一个编

故事的高手，家长要想为自己的孩子讲好故事就要能够编故事，这是一项提升自己的功夫。编故事可遵循"三技巧"，一技巧是"故事平移法"，二是"故事穿越法"，三是"故事改编法"。故事平移法就是将故事变成自己的经历，全部演绎给自己，为了达到让孩子信服之目的；故事穿越法就是利用时空拉近的形式，将过去或是未来的事情拉到今天，或者是将今天的事情寄给过去与未来，比如走进"甲午战争"，我们就可以让爱国将士邓世昌不死，这种方式有利于让我们展望未来，忧患今天，回味过去等；故事改编法就是将故事的某部分，通常是结尾做一假设性改变，比如《狼来了》的故事。

- 会带着孩子演故事

有些故事是适合家长与孩子共同演出来，演是一种深层次的体验，可将故事的意义更深刻地种在心里。演故事可以训练孩子的表演技巧，让孩子明白神情的作用大于语气，语气的作用大于语言，知道沟通中的技巧。例如：想让孩子认识什么是动物，什么是植物，可以表演一个《小花狗找朋友》的故事：小花狗在草地上玩，它觉得自己一个人太没有意思了，于是就想找几个好朋友一起玩。它对小草说："小草，咱们做好朋友吧，你来和我一起玩捉迷藏。"小草说："对不起，小花狗，我不能跟你一起玩捉迷藏，因为我不是动物，我是植物，我不会动。"小花狗很失望，它又去找花朵，花朵也说自己是植物，不能动，不能和小花狗一起玩捉迷藏。小花狗又去找了小树，小树的回答和小草、花朵一样。小花狗有些伤心了，垂头丧气地坐在地上。那应该找谁呢？这时小猫、小白兔、小猴子跑了过来，他们要和小花狗一同玩捉迷藏。为什么小草不能来，而小猫、小白兔、小猴子都来了呢？因为前面的是植物，后面的是动物。

- 会教孩子讲故事

讲故事有很大的好处：练语言表达力，练好普通话，练表情能力，练联想、想象力，提升自己的力量、信心、智慧、说理能力、表达感情的能力、道德等。教孩子讲故事有"三步走"。第一步是让孩子复述故事，切忌打断，切忌着急；第二步是教孩子讲故事的技巧：粗细得当，关键代词，分清楚故事角色；第三步是听故事要专注，听故事时切记不要中间打断，不要边听故事边忙家务等。

● 会教孩子编故事

不仅要教给孩子能讲故事，还要教孩子可以编故事。当然编故事要分阶段的循序渐进。可以采取"编故事三部曲"，第一部曲是加结尾式，此式可以借鉴小小说的形式进行；第二部曲是改编的形式，比如孩子看到影片主人公或是自己崇拜的人死去了，会很难受，或者对于故事的发展、对于故事的结果不满意时，让孩子给设计结尾；第三部曲是自己编完整的故事，这一部一定是在前两部都训练好的基础上进行的。

雅心提示

　　故事是孩子看世界的窗口，也是你教孩子走向生活的窗口；你要能讲能演更能编；你的故事一定要先能感动自己；你的故事最好有正向的、向上的震撼的力量；你要善于开启；你要适合又巧妙地留白，也就是留给孩子想象及表白的空间及机会；你的故事说理还是德育都要"无痕"，不要让孩子看出来你在讲大道理；你有一颗能够感动的生动的心，你的故事就一定会让孩子感动！

嗅觉——芳香嗅觉里秀出的记忆

警醒！如果你的身体里有一块巨大的金矿，一直未被开发，一直被荒芜着，那是怎样的遗憾！

提醒！多开窗口，你的人生自然光亮！

嗅觉和她的气味王国就是！嗅觉是上天惠赠我们的又一大礼！嗅觉世界我们称之为气味王国，人的嗅觉系统与人的边缘系统相关，气味王国里有太多的美妙、太多的感觉、太多的能量，她关乎着记忆，关乎着感觉，一直默默地存在，一直功能巨大却无人问津，无人使用。这是一个巨大的"牵引场"，通常也是我们人生的最大浪费。我们都希望健康，健康哪里来？健康不仅在吃，还在听、在嗅、在看、在触摸、在运动。希望自己是天才，然而成为天才我们很难把握，所以错过了做天才，就努力做人才；天才是用天分，人才是用本分，什么是本分，就是我们生来就有的上天的馈赠，在此特指嗅觉；气味可以成全天才，也可以造就人才。

1. 芳香魅力

让雅心带你走进一直被我们关在"冷宫"的嗅觉潜能，走进气味王国，通过影片《香水》看芳香魅力。香水这部影片是根据德国著名作家帕特里克·聚斯金德的同名小说改编而成的。

影片或小说又名为《一个谋杀犯的故事》。作者聚斯金德的笔下描绘了一个最有天才也最残暴的主人公，他叫格雷诺耶。格雷诺耶出生在巴黎最臭的鱼市上，他嗅觉异常灵敏，因为长相丑陋，被人家厌恶，于是他就有着强烈的复仇意识。长大后他成了巴黎一香水大师的学徒，从而渐渐地产生了用香水征服世界的野心。一天他发现了一名少女，这少女的气味令人着迷，为了留住这气味他无意中杀死了该少女，并萃取了她的体香。之后，他先后杀死了 26 个少女，萃取了她们的体味，并蒸馏出神奇迷人的香水，供自己使用。他收集了十万种气味，当他的罪行败露，被押赴刑场时，他释放了一瓶由少女体香而制成的奇特香水，而仅一小滴这样的香水竟使格拉斯刑场上的万名观众（包括行刑者）把他当成天使、当成救世主！同时也使这个仇视人类、梦想在气味王国中当人类主宰的格雷诺耶丧生。影片向我们展示了芳香的极致魅力：她可以让刑场变成膜拜场；可以让人身不由己；可以让人情绪出现不可控。

总之，芳香可调养人的身体、心理和心灵。

2. 植物精油的功效

何为植物精油，就是由植物通过化工方法，如蒸馏、萃取、压榨形式而提取的植物精华，有人将其称为"植物血液"。这是一种精灵的小生命，它可以通过热敷、冷敷、泡澡、香薰、按摩、闻嗅等方式对人的身体、心理、心灵进行调理。从心理心灵的角度上看强于药物，从功效上看使用得当可以避免副作用。神香草滋润手和脚、柠檬草最宜泡泡脚、葡萄柚出差解疲劳、减压解压杜松最佳、依兰能上能下、玫瑰花是女人的花、罗马苷菊是母亲的花、薰衣草整体平衡又祛疤、岩兰草是睡眠之草、快乐鼠尾草是炫梦草、乳香苦难心灵引导、天竺葵消肿瘦身夺魁。当然这是一门学科有太多的内容，雅心只为各位家长开了个门，接下来的就在于我们个人的努力了。

3. 精油调配的三原则

精油是需要调配的，精油的调配有三原则：一是时间性，因为精油具有挥发性，所以功效也有挥发性，而且精油的生命与时间相关，不同的时间段里精油或是调香会起到完全不同的作用；二是精准性，精油或是调香是以"滴"来计算的，多一滴或是少一滴将大有不同，比如，玫瑰适量是甜甜的味，可是多了就是一种臭味；三是状态性，就如我们做饭写文章一

样，状态好就会饭菜可口，状态佳就会文章美美，同样，精油的调配也在一个状态，如果状态好，精油调配的效果就好。所以说，芳香活在时间里、活在精准里、活在状态里。

4. 芳香提醒

使用提醒：使用要有"五注意"，一注意是芳香是一种生命，那是一种"活着的血液"，她有着通心、通灵之力，所以不可不恭；二注意是因为芳香的功效之大之神秘，所以使用时要细心、科学、规范，不可以有一点的随性；三注意是因为"多美就有多邪恶，多爱就有多伤害"，"怎样让你成长，就会怎样让你失败"，所以要小心把握；四注意是嗅觉是讲经历的，这经历通常与记忆有关，芳香能有助于你的回忆，有助于你的情绪；五注意是芳香王国里的多彩有时会让你的词语力所不及。语言有时是很难精准的：名可名非常名，所以，不要因此怀疑语言的功力，不要因此怀疑自己表达的功力。格对语言的含义产生了怀疑，而他只是在迫不及待地与人交往时，才勉强使用语言，他在六岁时已经用嗅觉掌握了所有的语言。

　　人生"窗"很重要，要多开窗口；人生本分要用好，因而可以试着开发你的嗅觉的潜质，当然你要先让你的鼻子醒过来；多美就有多邪恶，多爱就有多伤害。所以，对香"用而不疑"，对香"用而不奴"，让芳香辅助你及你的孩子走进神秘、走进绚丽，享受而不痴迷！

味觉——留住孩子的胃，情感有所谓

1. 文明让我们缺失

从前难得"吃一次馆子"，如今是难得"吃一次家里的饭"。从前看今天是一种享受、是一种追求、是一种进步；当下看从前是一种自然、是一种淳朴，是一种难得的"家"的味道！生活越进步，亲情越远离。孩子的味觉告诉我们亲情的一个不容乐观的现象：生活越便利，亲情越淡薄。为什么？生活的便利使得我们不需要太多的劳作，如今很少有家庭自己去蒸馒头，很少有人自己去做面条，如今菜都给你洗好了，乃至米都为你淘干净了，可以说"机器手取代母亲的手"，我们更多的是买来吃，饭店吃。其实对于亲情来说，每餐每饭里面都凝聚着"母亲"或是"父亲"的味道，因为里面有爱，这是一种"味蕾感应"，目前家庭教育中最缺少的就是亲情的"味蕾感应"，因而呼吁父母亲要"走进厨房"，还给孩子一个"家的味道"。我也大声告诉父母亲们：留住孩子的胃情感有所谓。

2. 母亲的厨房，记忆的想往

在外的游子，走进工作岗位远离父母亲的孩子，谈起家常常会谈及父母亲做的饭菜，那种怀想，那种向往，那种美妙……是只能意会不能言传的。爸爸酿的米酒，爸爸做的腊肠、熏肉、烤肉、包的饺子、炖的鱼、家里的小笨鸡，妈妈做的面与汤，妈妈的酸辣土豆丝、鸡蛋卷饼、两色米饭、酱茄子……想想都口水直流。味道里有亲情，味道里有怀想，味道里有故事，味道里有惬意。常常回家看看，能吃上一顿父母亲做的饭菜那就是"心在过年"。想起小时候，最喜欢放学回家远远闻到的家里的饭香；最喜欢看到一桌的菜肴，每次都会吃到肚子撑。如今的孩子们怕是没了这个享受！母亲的爱在厨房的味道里，母亲的爱在一日三餐里，母亲的爱在

餐饭的等待里。如今在外的我们难得有人惦记你吃饭了没有。家是什么？家是包含着这样一种味道。所以，一个能留住孩子味觉的父母亲，大有希望留住孩子对你的留恋！

3. 认识舌感觉，留住孩子的味

人对味道的感觉主要器官在舌，而舌对于味道的感觉很有不同。家长需要认识舌感觉的相关。一是"舌体味"：就是舌头对味道的体验感觉。人们常把甜、酸、苦、咸称为"四原味"；把甜、酸、苦、咸、辣称为五味，其他味道都是由这五种味觉互相配合而产生的。1985年，国外科学家指出，"鲜味"是一种独立的味道，与甜、酸、咸、苦同属基本味。各种味道是通过舌头上的味觉感受器来分辨的。味觉感受器即味蕾，主要分布在舌乳头上。不同的乳头，所含味蕾数目也不一致，以舌尖、舌侧及舌体后部占大多数，而舌体中部感受器较少，味觉也迟钝。舌尖两侧对咸敏感，舌体两侧对酸敏感，舌根对苦的感受性最强，即舌尖感甜，舌根感苦，舌侧感酸，舌尖周边感咸。二是"舌信号"：不同的味觉对人的生命活动起着信号的作用。甜味是需要补充热量的信号；酸味是新陈代谢加速和食物变质的信号；咸味是帮助保持体液平衡的信号；苦味是保护人体不受有害物质危害的信号；而鲜味则是蛋白质来源的信号。味蕾对各种味的敏感程度也不同。人分辨苦味的本领最高，其次为酸味，再次为咸味，而甜味则是最差的。三是"舌提醒"：想要吃咸味道时，是孩子缺乏信心，需要给力，需要支撑的提醒；想要吃甜食时，是家长对孩子太过严厉，需要温情的提醒；想要吃辣食时，是孩子压力过重的提醒；想要吃酸食时，是我们家长抱怨太多，孩子有委屈的提醒；想要吃苦食时，是孩子有火，性焦躁，需要发泄的提醒。当然因为地域的不同，因为身体的因素，因为饮食习惯等也会对此有或多或少的影响。

生活的味道，教育的味道，情感的味道，有时是殊途同归的。家长切忌不可亏欠！

触觉——关注皮肤渴抚摸供给养

1. 肌肤渴症状

人的皮肤也是需要关爱、需要温情的。如果关爱缺失、温情缺失，会出现皮肤饥渴的现象。

我们常说：有时孩子是自己找打，这是皮肤渴的表现之一；有些孩子会表现出吃手指现象，如果排除多动症、焦虑症的可能，孩子多半是因为肌肤渴；有些孩子是以哭闹的形式表现出肌肤渴；有些孩子会以焦虑的形式表现出肌肤渴。

2. 给予抚摸

爱在抚摸中，可以通过指尖一点点地传递给孩子，这是最直接的给予。再烈的马、再不好驯服的马，如果你能够在骑它之前拍拍它的背，它会驯良许多，会温顺许多；狗喜欢主人去摸它的脖子；猫喜欢人为它抓痒；猪喜欢被抚摸肚皮，动物如此，人也一样。轻轻拍在后背上会让孩子感觉力量；拍拍手背是一种安抚和信任；对于紧张的孩子来说，搭肩拥抱是一种呵护；轻拂头发是一种欣赏。更多也是更有效的抚摸是眼神的抚摸，眼神通常有：赞许、爱抚、欣赏、认可、认同、好奇、希望、等待、期许、关心、询问、怜爱、放心、舒心、满意、满足、骄傲……不同的孩

子有不同的需求；不同孩子在不同的年龄也有不同的需求；同一孩子在不同的场合抚摸的需求不同；同一孩子在不同的心境下对抚摸的需求不同。家长要巧妙试探，然后适时适当地给予抚摸。

3. "肌肤相亲"法

解决皮肤渴的最好的方式是"肌肤相亲"法。肌肤相亲法通常有：为孩子洗澡，带着孩子跑步，抚摸，拥抱，亲吻。肌肤相亲要遵循三原则：一是年龄适应性原则，比如亲吻是婴幼儿时期，而不宜在 13 岁以后；二是亲吻部位的适应性，脸蛋或是额头；三是性别原则。父亲对女儿，母亲对儿子要尤为注意，而且亲吻姿势也要有所规避，现在有种"亲子热"，提议母亲对儿子，父亲对女儿的亲吻，一些自认为很"暖情"孩子的父亲母亲，会不加避讳地对孩子亲吻，这是不可取的，正常的亲子关系是严爱有度，亲疏有度。有相当的恋父恋母症就是源于父亲母亲的这种不得当的做法，比如有个恋母案例：这个男生是大二学生，其父病故，母亲一直单身，后来男生与母亲发生了关系，并且他与母亲生下了一个女孩，男生问我，"这个女孩应该是我女儿，我应该怎么称呼？""我想带着她们远走高飞，去别处生活。"他对母亲的感觉是一次母亲洗澡出来，只披了一件浴巾，另外母亲每次在他上学时都会亲他一下……还有一个恋女的父亲，他有一对孪生女儿，11 岁，他与自己的两个女儿同床已一年半多，因为妻子早在孩子 8 岁时病逝，两个孩子的生活起居都是这个父亲来照料，比如穿衣、洗澡。面对这位父亲我更多的是愤怒！这哪里是父亲简直是畜生！诸如此类的案例太多太多。作为父亲母亲，一定要有父亲母亲必要的尊严，要有应有的"父母范"！先遵守做人的基本道德，做人的公德，家庭的基本道德！父亲母亲，我的名字告诉你"绝不可以邪恶"！

人的皮肤也是需要关爱、需要温情的。如果关爱缺失、温情缺失, 会出现皮肤饥渴的现象。

悟觉——点燃心灯通透心路养悟性

悟性是出于能力又高于能力的能力, 它是意识层面、精神层面、灵魂层面、心理层面、理性层面制高交汇处、制高夺目之处。雅心将悟性称之为"璀璨立交桥", 因为有悟性之人不会纠结, 不会迷茫, 不会受阻。可见无限风光, 可觉众山小, 可条条大路通罗马; 悟性可使人心明眼亮, 心头豁然开朗; 悟是精神层面达到最高境界的"桥"。

1. 悟性的种类

悟性有"六源悟性", 何为六源悟性? 就是故事悟、实例悟、音乐悟、挫败悟、自然悟、实验悟。故事悟就故事带给我们的启发; 实例悟就是身边的人或事给予我们的启迪; 音乐悟就是音乐带给我们的灵动; 挫败悟就是挫败给予我们的教训, 给予我们的启示; 自然悟就是在生命之源中自然界赋予我们的智慧; 实验悟就是通过实验的所得。这以上的"故事、实例、音乐、挫败、自然、实验"都是引来悟的源头活水, 因而我们称之为"六源悟性"。

2. 悟性的所得

悟性所得即"悟得六道", 哪六道呢? 就是"悟得智道, 悟得慧道, 悟得理道, 悟得勇道, 悟得力道, 悟得取巧"。悟得智道就是得到智力的

提升，是修炼大脑之术；悟得慧道就是高于智的智，包容智的智；悟得理道就是理性之术，也即我们通常所讲的道理；悟得勇道就是勇气与果敢；悟得力道就是得到力量得到支撑；悟得取巧就是滋味人生、轻松人生、幸福人生的技术与艺术。

3. 体味悟性

故事悟：故事悟包括我们前面有讲的"小故事大智慧"就是以故事悟慧；"小故事大道理"是以故事悟理；"励志故事"就是以故事励志我们，就是故事力道；"寓言"也是故事明理。一例——比如《猫头鹰搬家的故事》就是说了一个理：人要多想着改变自己，而不是改变他人，改变自己其实很容易也很轻松。二例——两个人一个去上海，一个去北京，听人议论说：上海人精明，外地人问路都有收费；北京人质朴，见了吃不上饭的人，不仅给馒头，还送旧衣服。你会去哪？（测题）他们换了票。去北京的人看到了：不仅在银行里的太空水可以白喝，大商场里的各色点心可以免费品尝；去上海的人觉得开厕所、带路、弄盆水洗脸都赚钱，买了人字梯、水桶、抹布就成立了擦洗公司。一张车票可以成就一个人。三例——一个人自身的弱点是决定他的命运的：马克是汉斯大富豪手下的一员，他擅长阿谀奉承，一次他们乘一小飞机去视察，突然遭遇了强有力的气流，只有一把降落伞，大富豪抓了伞往下跳，并说祝他好运，而马克紧紧地抱住了汉斯，伞绳断了两根，无论汉斯命令还是许诺都无济于事，之后，他大声讲话：女士们、先生们，他的话音刚落，便有奇迹发生，那马克如条件反射般的连忙鼓掌喝彩。

实例悟：实例悟包括我们自己的经历，身边人的经历，阅读别人的经历，比如前面有讲的诸多例子，也包括实物悟。这实例里有六道所得都有体现。一例——比如《玻璃门》就说了我们的孩子们是有一个护理心理的；《口红的烦恼》有所大学，有一件很令学校领导与老师头疼的现象：

就是在卫生间的镜子上常常会出现许多的口红印，原来孩子们常常会对着镜子做鬼脸，同时恶作剧地去亲吻镜子，学校是屡禁不止，为此校方很无奈。后来，有位心理老师想了个办法，轮番带女同学到卫生间去看"清洁阿姨打扫卫生"，每每看过后都会让诸多的女生恶心不已，原来保洁阿姨是用刷马桶的刷子刷镜子。从那以后卫生间的镜子上再也没有出现过亲吻过的口红印迹。这个实例说明了"教育要取巧"，这个取巧是要遵循必要的心理效应及规律的，这案例中所使用的效应是"厌恶疗法"。只几分钟的一个小实例就可以解决大难道，只几分钟的实例小文字就可以让你学到在课堂上要花上几天才能学下来的方法，只几分钟就可以解决一个痼疾，这就是"悟能生巧"。二例——漫画悟，这是实物悟。郑道遥有这样两幅漫画，其中一幅是一个人在倒自己鞋里的沙子，远处是一座高山，漫画的寓意是：我们常常是不怕远处的高山，而是更担心脚下的那粒沙子，有时小事很误大前程的。另一幅漫画是，一个人在黄昏时才发现走在了别人的路上，寓意是告诉我们：我们许多人努力了半生却是走在了别人的路上，一个人能够走自己喜欢的路是一件幸事，然而太多的孩子是"没有自己的路"的，言外之意也是告之我们盲目的代价！

音乐悟：音乐悟很易理解，包括我们自己喜欢听的音乐，如在 MP3 或是 MP4 里的我们调理平时心境的乐曲；包括我们去听的专场音乐会；包括我们工作用音乐；包括我们家居休闲的音乐；包括我们厨房里的音乐，卫生间里的音乐。音乐调理我曾做过实验，实验结果就是实验者在行云流水、清清爽爽的音乐中所做的饭菜就很清淡；在激昂亢奋的音乐声中所烧的饭菜就"味重"；还有对于便秘者，在卫生间放置"排毒音乐"很利于排便，排毒音乐是据个体不同"配方"不同，"配量不等"。

挫败悟：挫败悟包括生活、学习、自理、心情、愿望、沟通、习惯等方面，只是我们所指的挫败通常是指"小挫败"，为的是以后避免大失误、

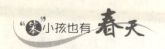

大挫败。有一个案例：

一家铁路公司有一位调车人员尼克，他工作相当认真，做事也很负责尽职，不过他有一个缺点，就是他对人生很悲观，常以否定的眼光去看世界。有一天，铁路公司的职员都赶着去给老板过生日，大家都提早急急忙忙地走了。不巧的是，尼克不小心被关在一辆冰柜车里。尼克在冰柜里拼命地敲打着、叫喊着，全公司的人都走了，根本没人听得到。尼克的手掌敲得红肿，喉咙叫得沙哑，也没人理睬，最后只得绝望地坐在地上喘息。他越想越可怕，心想，冰柜里的温度在－20℃以下，如果再不出去，一定会被冻死。他只好用发抖的手，找来纸笔，写下遗书。第二天早上，公司里的职员陆续来上班。他们打开冰柜，发现尼克倒在里面。他们将尼克送去急救，但他已没有生还的可能了。大家都很惊讶，因为冰柜里的冷冻开关并没有启动，这巨大的冰柜里也有足够的氧气，而尼克竟然给"冻"死了！

其实尼克并非死于冰柜的温度，他是死于自己心中的冰点。因为他根本不敢相信一向不能轻易停冻的这辆车，这一天恰巧因要维修而未启动制冷系统。冰柜之外的我们，如果有一天，变得什么都不敢相信了，我们同样会死于无法预料的各种各样的心中的冰点。尼克事件对于尼克来说是"大挫败"，是"灭顶之灾"，这是一种没有机会补救的挫败，尼克的挫败源于心理的挫败感。尼克的挫败对我们就是警醒！因为这样的挫败我们谁都犯不起，谁都输不起！因为这种挫败让我们没有重新再起的机会。所以，我们要当心平时的小挫败，特别是心理的挫败感。因为"杀死一个人的心就等于杀死了一个人"。

自然悟：包括旅游、自然养心游、训练营养心游、与自然的约会、倾听自然的声音、自然给力、自然开发等；自然悟可以让我们收获：养伤口、疗愈游、发现游、亲子活动、自然教育、力量、开阔的视野、静心，同时一样可悟得理、悟得慧、悟得力、悟得希望、悟得巧。自然界里有太多的声音，这些声音我们可以聆听，且让她们成为我们心灵的朋友，因而自然悟是可以给力、给温情、给我们灵性的。我们来看个例子：

一个 60 岁的老妇人，孤苦伶仃，只有一棵美人蕉和她相对。她 18 岁嫁人，一年后有了一个可爱的儿子，家庭还算美满。可天有不测，儿子 18 岁时死于一场车祸，3 年后，丈夫悲伤过度也离她而去。生活接二连三不幸后，她开始了倾诉，面对那美人蕉的倾诉。倾诉自己的所见所闻、喜怒哀乐。这美人蕉朋友居然时常会点点头、扭扭身子；说到伤心处，这美人蕉朋友更会滴下一滴滴的眼泪来。

再有就是"同心树"说法，一对恋人共同栽一对同心树，如果两人的爱受阻，树就开始枯萎，如果两人劳燕分飞两棵同心树必然会死去。

这就是说，那植物与人是生命相通息息相融的。引导孩子"比如我们要给孩子讲青豆的样子，可以这样比喻给他们：一引导：青豆是一个心胸狭窄的小女孩，她一见到别人倒霉就要幸灾乐祸地大笑。有一天她看到青蛙一个猛子扎到荷叶上，就一直笑，终于笑破了肚皮。幸亏边上有个小裁缝，赶紧用针线给她缝上。从此，每一粒豆子圆鼓鼓的肚皮上都有一条难看的疤痕。他们一定会很用心地听的。你这样把自然与生命串珠，这样把生命活跃了起来，也利于孩子的联想及人情化艺术化。二引导：想象对话，青豆对冬瓜妹妹说："我们摘些豌豆回家煮煮吃吧。""可那不是我们家的，是大牛家的。"妹妹说。"这又没人知道。"青豆说。"可是你看那有喇叭花，喇叭花有眼睛，好大的眼睛。还有那蚕豆它正张着耳朵在听。"

于是这两个孩子放弃了做贼的打算。在自然中可以进行德悟。三引导：对于青蛙我们可以这样讲："青蛙的肚子为什么那么大？嘴也那么大？是因为青蛙练打鼓，打一面坏一面，坏了也不修，等到上台演出时，就只能鼓起腮帮来敲鼓。"这种想象是带有寓言的，言下之意是"对自己要查错"。孩子在不同的年龄段应该根据不同年龄段的特点进行教育，会既美好又有收益。比如上面可适时地进行"纠错教育"，比如前面的"要想人不知，除非己莫为"的道德教育；前面提到的"与植物的灵性相通"的灵性教育等，用好自然，因为风也有耳，树也有脑，花花草草皆有觉，有听、有视、有触。

实验悟：实验悟就是以实验为手段收获的悟得。实验可以采用五招式实验：室内实验、室外实验、活动实验、历经实验、虚拟实验，五招式实验一样可有六道悟得。

一例实验——悟得理道，"碗装水的实验"：一个小孩子去装水，孩子发现碗底还可以装，于是将碗倒了过来，于是碗里的水没有了……学习中孩子常常会因小失大，如考试时盯着一道小题过不去，以致来不及做大题。二例实验——破洞实验，实验的寓意是想人生不浪费要及时补洞。三例实验——开窗口实验，我们于不同角度设置不同的"窗口"，有田园风光的、有温馨的、有战乱的、有自杀的、有悬疑的、有惊悚的、有邪恶的，比如美籍华人著名的心理学家李恕信在《潇洒的母亲》一书中讲了这样一个故事：一个小女孩子趴在窗台上、看窗外的人正在埋心爱的小狗，不禁泪流满面，悲恸欲绝。祖父见状，连忙引她到了另一窗口，让她欣赏到了玫瑰花园，她心情马上明朗了起来，老人说：孩子你开错了窗子：我们的工作、我们的思维、我们的婚姻、我们的交友都可能开错窗子。教育更是如此！四例实验——跳蚤的自我设限，是说把一个跳蚤放在实验的桌子上，起初用力一拍桌子，跳蚤跳得很高；第二次时就给跳蚤罩上了一个大烧杯，跳蚤"碰了壁"；第三次拍跳时，跳蚤的高度就低于第二次的高度，以后每一次罩过去的烧杯都会比上一次要低些，到最后即便不放烧杯，无论怎么拍，跳蚤也不再跳起来了，而是在桌子上爬了。这个实验说明了跳蚤碰壁之后的自我保护，也就是对自我高度的限制，这就是"自我设限"，人也是如此，教育中要有意识地为孩子的这种"自我设限"的心理效应解限。五例实验——室外实验，也是生活常识实验，老林工曾教给我们如何砍树：要是你不知道树砍了会倒在哪里，就不要去砍它，树总是朝向支撑少的一方落下，如你想要它向哪个方向落下，你就削减哪一方的支撑便成了。这是如何对待困难或是任务的"慧"。六例实验——一虚拟实验，驴子左右两端各有一堆草，结果这驴子在不知吃哪一堆的犹豫中饿死了。

雅心赠箴言

◆ 只要精神不滑坡，方法总比问题多。

◆ 只要感觉在，幸福一定在。

◆ 会说可以打天下，会听可以守天下。

◆ 许多人喜欢讲理，但未必懂得谈话。

◆ 有效果比有道理更重要。

◆ 家是酿情的地方，不是讲理的地方。

◆ 亲情是一种深度，友情是一种广度。

◆ 我们有时一生苦苦追求的，往往是无足轻重的。

◆ 爱的反面不是恨，是冷漠。

◆ 恨可以伤害一个人，爱也可以伤害一个人。

◆ 万一没有一万大。

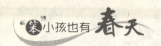

- ◆遇事多考虑三分钟。

- ◆没把握有条理地表达一件事就不要开口。

- ◆永远不评价：因为一切都在变化着。

- ◆劝说别人比登天还难，原因是相信自己是正确的在人的意识中根深蒂固。

- ◆你的事情早被你的心情定了调，所以先关注心情。

- ◆动力和压力不是一回事，它们一个是向前一个是向下。

- ◆这个世界只有少数人成功，因为只有少数人肯于改变自己。

- ◆船停在港湾最安全，但这样的船没有任何意义。

- ◆人不一定要美丽，但要活得美丽。

- ◆聪明的家长不是抱怨孩子的大脑，而应该抱怨没有投资孩子的大脑。

- ◆火不能灭火，静可灭火；恨不能止恨，爱可以止恨。

- ◆遇到孩子"出状况时"要多考虑三分钟。

- ◆同是力却有不同，压力是向下，动力是向前，撑力是向上。

雅心提示

　　悟性是出于能力又高于能力的能力，它是意识层面、精神层面、灵魂层面、心理层面、理性层面制高交汇处、制高夺目之处。有悟性之人不会纠结，不会迷茫，不会受阻。因此，父母一定要注意培养孩子的悟性。

第十五章

点燃孩子"趣"：趣长在多轨思维与多感

人生要有多个支点才稳定，人生要有多个窗口才光亮。人生趣味需要多种感觉支持，多感觉才能品多味。趣长在哪里？趣长在心里。趣的目标在哪里？在六感道具所能包括的所有资源里。

"趣"长在哪里

饮食讲味道，服饰讲品位，生活讲滋味，理想讲奔头，成长靠兴趣！我们不得不做的事情，一生要做的事情如果是苦着去做，这种生命状态不会有人喜欢，也不会坚持长久，更又绝不是最佳生命状态。有趣伴随的日子生命不累；有趣伴着的日子活着不苦。"趣"又长在哪里呢？如何培养我们的"趣"？趣长在"多感里的美丽心情"；趣长在多轨里的快乐心理底片；趣长在四勿错。

有趣伴随的日子生命不累；有趣伴着的日子活着不苦。所

以，父母一定要帮助孩子点燃"趣"。

多感里拍下美丽心情

　　人生要有多个支点才稳定；人生要有多个窗口才光亮；人生趣味需要多种感觉支持，多感觉才能品多味。这多感从哪里来？从六感道具里来，也就是我们要用眼看趣，用耳听趣，用嘴讲出趣，用鼻子嗅出趣，用手摸出趣，用心感觉趣！用上天给我们的六道去"拍"下美丽，存下美丽心情底片。

　　趣最后长在哪里？趣最后长在心里。趣的目标在哪里？在六感道具所能包括的所有资源里。趣很公平，没有高低贱贵之分；趣很个性，因人而异：如你喜欢足球，我喜欢京剧；你喜欢花花草草，我喜欢人工塑艺；你喜欢厨艺，我喜欢品厨艺；你喜欢表白，我喜欢静听；你喜欢太阳的味道，我喜欢月亮的清悠……萝卜白菜，各有所爱；长有长的好，短有短的对。这就是趣！所以，趣在多感。

　　如何在多感里留下你的趣。有谁还留下孩子成长的足迹——孩子的小脚丫；有谁还留着孩子的第一声啼哭；有谁还记录着最初的咿呀学语；有谁还留着儿时的糖纸；有谁还保存着自己所有的作业；有谁还记得你一共有过多少次梦想；有谁还留着你儿时伙伴所有的影像；有谁还记得你的第一次感动，或者第一个让你感动的人；有谁还记得你的第一次下河；有谁还记得你的第一次后悔，和你后悔的事；有谁还记得你曾经许下过的未兑现的承诺……别说你不欠什么，我们都欠着，欠着生活给过我们的诸多的感动；欠着许多人给予我们的许多热情；欠着与孩子的本可以亲近的许多机会，或是只需下盘棋。如果你现在还不曾发现，还不曾意识，还不认为自己抓紧留下美好的话，你可真就是一个"大浪费家"，你浪费了上帝原本给予你的馈赠！你可真是一个傻瓜，放着快乐不捡，专捡困难！所以我们要"拍下美丽"。

　　我们要用眼看趣，用耳听趣，用嘴讲出趣，用鼻子嗅出趣，用手摸出趣，用心感觉趣！用上天给我们的六道去"拍"下美丽，存下美丽心情底片。

多轨里的快乐心理底片

　　人，总会在自己心底冒出一些不期然的声音，我们叫它"心声"；人有时会出现一些不期料的人或事，我们叫它"怀旧"；抑郁的人总能见到抑郁，是因为抑郁人的心理底片是抑郁；快乐的人总能看见快乐，是因为快乐人的心理底片是快乐！心理底片哪里来，在儿时来，从家庭中来；从生命的根基中来。所以父亲母亲有个重要的任务是给孩子留下快乐的心理底片，以便孩子一生快乐；留下幸福的心理底片，孩子将一生幸福！

　　如何送给孩子快乐的心理底片？快乐源于多轨。比如写作思路枯竭时，打开窗你看到的风光，也许会让你心窗打开；吸支烟，在烟的味道里你可以"通感"出很多的记忆；来段音乐，你的思绪突然奔涌；看幅画你会突然热血沸腾；看段视频，你马上有了新的创意……雅心告诉你：第一，你一定相信"人是视觉兴趣很强的动物"；第二，你一定相信"人是听觉性很强的动物"，听了赞美水都很美，江本胜的"水实验"早有证实；

第三，你一定相信人是味觉动物，妈妈的味道和餐饭的味道永远相连，留住胃孩子的感情就会有所谓；第四，你一定相信"气味王国里有你太多的回忆，别不承认"；第五，你一定会信嘴巴上的美，心里感觉上的美。雅心在感觉累过之后，一定会去看花花草草，去轻棉市场看漂亮的窗幔；一定去看漂亮的家装！你的多轨在哪里？你孩子的多轨在哪里？千万别荒废！

雅心提示

　　人的心理底片从儿时来；从家庭中来；从生命的根基中来。

所以，父母一定要给孩子留下快乐的心理底片，以便孩子一生快乐；留下幸福的心理底片，孩子将一生幸福！

趣长在"四勿错"

　　趣的培养切忌四点：一勿累着"趣"——辅导班里看得失；二勿等级趣——上不上重点不重要；三勿贪——好大喜功要不得；四勿违规——不可演绎现代版的"揠苗助长"。

雅心提示

　　父母要牢记培养孩子的兴趣时，不要累着"趣"，不要等级"趣"，不要贪婪"趣"，不要违规"趣"。

1. 一勿累着"趣"——辅导班里看得失

童年是人的一生中最美好、快乐的时光，而越来越多的父母抱着"不能让孩子输在起跑线上"的心态，牺牲了孩子童年的快乐。早在2005年，就有人做过一项调查：暑假全国城市中有48.6%的中小学生参加了各种培训班，其中大部分是学习才艺的特长班，并且很多孩子参加特长班仅仅是为了满足父母的愿望。事实上有99%的孩子并不是很适合他们参加的所谓兴趣班。在城市里，幼儿园刚一放学就接孩子匆匆忙忙赶往各种特长班的家长随处可见，更不用说小学、中学的孩子参加各种辅导班了！在街上随便访问一位家长，任何辅导班都没有给孩子报的简直是凤毛麟角。如今可以说是"全生皆补，全程皆补"。

因为这辅导使得家庭关系出现了诸多问题，这辅导究竟如何评定呢？看不利：一不利是对于教师是诱惑也是形象损害。新华网2月11日报道：福州市鼓楼区科学艺术宫2012年安排了多达80个课外辅导班的课程。当前课外辅导班不仅名目繁多，价格不菲，而且许多辅导班授课老师都是兼职课外教"私活"，让学生家长们很"纠结"。二不利是过多的所谓兴趣累着了孩子，辅导班收获的不是兴趣与进步，而是应付、敷衍，主动性主体性的扼杀。哈佛大学研究结果表明，每个孩子至少有8个潜能，而每个人的潜能组合结构都是不同的。如果强迫他们去学习一些潜能并不突出的才艺，容易使他们产生厌烦、畏惧心理，以及一种刻骨铭心的失败体验。一些责备和批评的声音会一直萦绕在他们耳边，伴随他们的整个成长岁月。孩子是在体验中长大的，而童年的阴影往往会笼罩人的一生。三不利是统一性的、强令性的辅导班剥夺了真正的潜能与兴趣：世上没有两片完全一样的树叶，因而培养孩子一定要有特别的方案作特别的辅导，要不然会剥夺了孩子的真正的潜能与兴趣。四不利是将自己的义务变相交给他人，自然无所谓培养了。辅导班只是找个放孩子、看孩子的地方。兴趣培

养不是随性的、低级的，而是认真高级的教育行为，然而家长的"望子成龙，望女成凤"的殷切期望；补课的盲从；对孩子的无从呵护，担心游戏、网络泛滥，尤其是放假在家的孩子没有了老师和学校的束缚，又缺少家长的管制和陪护，可能会因此而沉迷其中。没有一个孩子喜欢自己被放到一个陌生的地方。

不喜欢就更是无从谈兴趣了。课外补习班的疯狂不但对孩子来说是无情的摧残，而且对学校的正常教学造成了严重的冲击。由于很多孩子提前学习了本不该那个年龄段学习的内容，等到学校教学的时候他们就失去了兴趣。并且，现在中小学的课外辅导偏科严重。在高考的指挥棒下，考试科目热，非考试科目冷，很多的课外辅导班都是通过超强练习和疲劳训练来达到提高学生成绩的目的，如此一来不但摧残了学生的身心，也无从谈起素质教育。还有调查发现绝大多数辅导老师都是社会闲散人员，并没有合格的资质，加上课外辅导基本上是对课堂内容的机械重复，势必使学生觉得枯燥乏味，或者干脆直接依赖于课外辅导，连必要的动脑都完全免了。如此的课外辅导，有的只是负迁移，必然导致学生的知识面狭窄，学习方法机械、呆板，智力发展扁平化、单一化。在这样的环境中培养出来的学生连最起码的学习能力和习惯都不能养成，还期望他们有多少的发散思维、创新能力和开拓精神呢？试问，这样的辅导班，我们还有必要给孩子报吗？一块钢板反复击打都会断裂，何况于人呢？那个给孩子报八个辅导班的家长，收获的不就是儿子冷冰冰的尸体吗！？血淋淋的事实又唤起了多少人的觉悟呢？又有多少的学生在高压之下心理扭曲？放过孩子，也饶过自己吧，给孩子的童年留一些自由的空间！

雅·心·提示

任何事情都是先愿力后才能力!要不要辅导是孩子说了算;人人都说"救救孩子",但人人又都在"伤害孩子",这是怎样的一种荒谬的逻辑!

2. 二勿等级趣——上不上"重点"不重要

● 国人奔重点的现状

趣取决于满足感,无满足感自无趣。就升学层面上,家长认为孩子的进度,孩子给予家长的满意的答复两个指挥棒就是"成绩"与"重点校"。其实重点校并不重要!小学重点、中学重点、大学重点,一连串的重点学校折磨着国人的神经!很多家长为了能够让孩子上重点不惜重金,到处拉关系,想办法,有的还甚至惹上官司!据新闻报道:为了让孩子上史家小学,白女士拿出 18 万元委托邻居马某帮忙。最终,录取孩子的是与史家小学没有隶属关系的史家小学分校。记者昨天获悉,市二中院判马某还钱。孩子上不上"重点"学校真的有那么重要吗?在国内千军万马直奔"重点"的独木桥的情况下,西方教育比较先进的国家家长又是怎样看待重点学校的呢?

● 重点校不重要

一篇名为《让孩子远离重点学校》的文章是这样写的:古有孟母择邻的典故,而现代版的择邻故事却发生在美国。

任女一家住在美国加州湾区一个依山傍水的小镇。镇名翻译成中文意思是"开满鲜花的幸福屯"。这儿,离硅谷和三藩市不远,住着不少高知

华裔人士。华人的孩子在"幸福屯"小学占有很大比例。由于受传统文化的影响，华人的孩子学习刻苦认真，个个都能考高分。

不久前，我和老伴到美国探亲，在侄女家住了一段时间。侄女家旁是一户美国老住户，他们相处很好。侄女已有两个女孩，都很聪明伶俐。他们能为孩子有如此优越的学习和生活环境而沾沾自喜。那天，美国夫妇带着孩子来到侄女家，说明天就要搬家离开了，是来道别的。侄女有些吃惊，问我们相处好好地，孩子们的学校又很优秀，为什么要搬家呢？对方说，正因为这座学校过分"优秀"，我们才决定搬家的。侄女问为什么？对方这样回答，"这座学校如老虎，我们和孩子都很害怕啊！"侄女又不解地问，"学校怎么变成老虎了？"对方说，"是中国的孩子个个如小老虎啊！学习一个比一个刻苦，考试成绩一个比一个突出。在这样的环境里，我们受不了，孩子也很受压抑，严重影响着他们的心理健康。想想，让孩子长期在高分同学的挤压下生活，他的自信心无疑会受到极大的挫折，因而会导致悲观甚至是自暴自弃的可怕后果。这样，哪还能谈得上幻想和创新啊？这不把孩子给毁了吗？所以，我们决定搬家，就是为了让我们的孩子躲避这个紧张得如服苦役式的学习环境啊！避开，是为了孩子健康成长！这，请你们理解。实在对不起，我们也不愿意失去你们这样的好邻居啊！可是，孩子的事是大事，不得不搬家！请放心。我们会常来看你们的！"

在中国人挤破脑袋进"重点"学校的时候，教育比较先进的国家的人却为了避开重点学校而搬家，或许这在国内有很多家长不能理解。但是，请仔细阅读其搬家的理由的解释，然后反思一下，孩子进了"重点"学校就万事大吉了吗？尤其是那些学习成绩平平的孩子，如果父母硬是把他们挤进"重点"学校，面对一群个个成绩都非常优秀的同学，情何以堪呢？"重点"学生高分云集，竞争异常激烈，让孩子整天处于这样紧张的学习氛围当中，对孩子成长又有什么好处呢？

　　健康更重要还是成绩更重要，分数更重要还是能力更重要，有限更重要还是无限更重要，今天更重要还是明天更重要，是当老板更成就还是做个员工更成就，人生"趣"更重要。孩子心里有"趣"，孩子的生活才有趣。

3. 三勿贪——好大喜功要不得

● 家长，知道你为何这么急不可耐吗

　　近年来各种各样的小天才屡见报端，有的孩子两岁能够认识上千个汉字，有的孩子"天生"会游泳；4岁半的孩子可以游长江，还有学画画的孩子5岁就在全国得大奖。我相信这些孩子很聪明，但是从两岁就开始学东西，实在是有点太小了。中国家长望子成龙、望女成凤的心情太迫切了，恨不得孩子两岁就成名。那么我们想想：这些孩子的生活还是孩子的生活吗？这些小天才对于天才的本身究竟有多少的益处？实在想不出来，然而隐患很多：一是让孩子过早地有了欲望，有了虚荣；让孩子难得有平常心；让孩子经不得失败；让孩子缺失发展的后劲。我们的老祖宗早就以《伤仲永》为我们作过警示。其实最大的受益者是谁？是天才的父母，可以满足他们在人前的荣光；可以用孩子作补偿满足虚荣心；可以满足攀比心。

● 马上停止——不利子又累己的"神童"培养

　　有没有人敢于大胆地说："我喜欢以一时之快换一生之痛！""我喜欢毁掉自己也毁掉孩子来满足别人的好奇！"我想没有人。但是人们的诸多

行为中，却明白地表现了太多的"明知故傻"！莫泊桑的《项链》里的女主人公玛蒂尔德为虚荣吃了半生的苦头，事实也毁了她的一生，这个警示不够吗！虚荣不是个"好东西"，可是我们又有多少人管得住让自己不去虚荣！又有多少家长管得住自己不拿孩子"当牌子"来标榜自己！公众的目光并不都是充满宽容和善意，成人面对这些仍要反复寻求心理适应，而孩子的心理远未成熟，任何赞扬和批评都可能变成锋利的刀片。所以，即便是天才，一出生就背负了沉重的压力。天才何以堪？何况，天才凤毛麟角，大多数孩子只是聪明而已。现在很多家长好大喜功，只要是孩子能够获得好成绩，一切都好。如果听说哪里出了"神童"大家就争先恐后地前去取经，忙于强大的"造神"运动。以前常听说十几岁的神童，现在"神童俱乐部"的门槛和年龄下限正在不断降低，很多不满 10 岁的儿童，只要刚开始展现出一点天赋，马上就会被父母当做神童培养，强迫孩子学习一些该年龄段不应该学的东西，结果孩子慢慢地对学习失去了兴趣，以致最后变成了"庸才"。"神童"最终成为成功人士的概率有多高？英国米德尔克斯大学 36 年间跟踪调查 210 名"神童"，结果仅 3% 的人最终功成名就。什么是"神童"？因为知识超越了同龄人为"神童"；因为文化知识掌握的速度快为"神童"！然而跑得快并不一定很有用，关键是要跑对了。你的快如果种下隐患，你的快都决定你的现在与未来的不幸，你的快都让你将"潜能的种子吃掉了"，这实则是亏大了，小孩子正在"长心"，"长脑""长趣""长乐"的最佳时机，可是你拔了孩子这些优秀的种子，那简直不是一句"伤害"所能了却的，而是"愚痴"！用比尔·盖茨的人生经历来看：我们的这些神童将来一定要为"笨小孩"们去打工，而且还要经常经历被"炒鱿鱼"的命运，因为这些"神童"的心智极不健康，而且这个不健康是永远无法弥补的。如此的不明智，又何以培养出正常的孩子！真为这些生在"神童迷家庭"的孩子们感到悲哀！所以需要停下你的功利，停下来你的"不输在起跑线"上的措辞，不输在起跑线上的热身，不是这些内容，而是"德之本，健康之根"！

最简单的道理往往是最大的真理！明明知道不对，可为什么还要盲从呢？

4. 四勿违规——不可演绎现代版的"揠苗助长"

孩子的成长是有规律的，是需要按部就班进行的，如果违规操作、急功近利必然会遭遇惩罚的。我们来看个例子：

林林5岁，爸爸是德语翻译，妈妈在法企工作。父母经常给她听外语歌，用英语、德语和法语同她说话，林林渐渐掌握了一些外语词汇和简单句子，经常说话时中文里夹杂法语或德语。邻居很羡慕，都夸林林是"外语小天才"。

有一天，妈妈把林林从幼儿园接回家后，发现女儿情绪很低落。"小朋友说我是外国人，笑我。"林林告诉妈妈。此后，林林越来越沉默，一句话都不肯说。爸妈急了，带着她到医院检查，被确诊为"失语症"。

其实家人最好统一用标准的普通话和宝宝交流，这样才能促进孩子语言发育。幼儿首先要把母语学好，学外语6岁后为佳。如果小小的年纪便被输入了过多、过杂的语言，再加上在语言环境中突然遇到挫折，就会导致孩子语言思维混乱，她的语言"中央处理器"无法进行整合分析，所以也没法表达自己。

　　无独有偶，锦锦上幼儿园中班，曾被妈妈怀疑有问题。因为，几个字教了几十遍还是弄错。但是，以前锦锦很聪明，4岁就已经会写不少数字和字母了。前几天，妈妈教锦锦数字时，锦锦把"5"认成"2"，把"3"说成"m"，"b"认成"d"。妈妈一遍遍地教，可锦锦还是固执己见。教了几十遍后，妈妈气得够呛，锦锦也很不耐烦，不愿再写字。

　　据说锦锦反写字的现象叫"镜像书写"，是儿童视觉统合失调的表现。因为儿童在4岁后才开始学着辨别形状、大小、方向；6岁以后区别左右的正确率才达到75%；到了七八岁辨别能力才发展成熟。所以，教育部在《幼儿园教学大纲》中规定，儿童5岁之前不允许系统地教识文字。

　　专家表示，父母重视孩子的教育无可厚非，但对于学龄前的孩子来说，更重要的是吃喝拉撒玩的习惯培养，让孩子在游戏玩耍中学习，而不是非要让孩子坐着"搞学习"。父母一味强调早教，急功近利，会扼杀孩子的学习兴趣。然而，很多家长还是抱着争先恐后的心态提前让孩子学习一些知识。大家都知道公办幼儿园入学难，然而有些地方的公办幼儿园却出现了大班孩子严重流失的现象。"小班挤破门"与"大班冷清清"形成鲜明对照，原因是公办幼儿园严格执行"不提前教授小学课程"的规定，而民办幼儿园则"挑战"小学三年级课程，众多家长在孩子被"揠苗助长"与被"淘汰"之间选择了前者，导致孩子上小学后学习容易"塌腰"。

　　当前，幼儿教育小学化现象愈演愈烈，已成为社会关注的热点。《人民日报》日前报道，为准备"幼升小"考试，北京有一位6岁的女孩悦悦每天都得做计算题；江西省南昌市江女士的孩子，5岁就学会乘除法，比较熟练地掌握两位数以内加减法。每天放学后还要在家抄写一页汉字、两页英语单词……孩子每天都喊累，最近不想去幼儿园了。另据报道说，一位小学生家长非常后悔自己的孩子从幼儿园起就接受超前教育，"双语、奥数样样齐全，上小学一年级时确实表现出色，但到三年级后，成绩便很一般了。"特别让这位家长焦心的是，孩子已经出现厌学迹象了。

儿童心理学研究表明，6岁以前的幼儿尚不具备系统学习学科知识的能力，只是处于积累感性经验，培养对事物的兴趣和好奇心的阶段。幼儿园适应这一年龄阶段儿童的教育形式是游戏教育，而强制性地对他们灌输知识，只会让他们没有了学习的兴趣和探究的激情，产生厌学和恐惧情绪，进而枯萎想象力和创造力。令人遗憾的是，中国当前幼儿教育的普遍现状恰恰是以学科知识教育代替游戏教育，完全违背了学前儿童的成长和教育规律。

孩子成才需要一个过程，急功近利和"揠苗助长"的做法都是错误的。所谓顺势好成才。父母应该在日常生活中充分了解孩子的知识水平、兴趣爱好、学习能力和优势，然后根据孩子的学习情况、家庭的人力资源和经济状况因势利导、顺势成才。

雅心提示

　　尊重孩子成长的自然规律。一个孩子，要想成为一个"有用之人"，需先是"正常之人"，而非某一种"机器"或"工具"。人与自然相处需要尊重自然，人的成长同样需要遵循自然规律。揠苗助长之下，难免徒剩"伤仲永"的悲剧。

第十六章
回归孩子"源"：把孩子交给大自然

任何源头的给力，任何形式的给力都不如源于自然的取力！空间为天，自由为才，散养的孩子最有才！如今独生孩子的童年真的很孤独，他们需要和其他小朋友一道跑进大自然的怀抱，肆无忌惮的嬉戏、打闹。

学会借力大自然

自然力是很大的，所以叫做"大自然"。从此意义上讲，任何源头的给力，任何形式的给力都不如源于自然的取力！我们的旅游，我们的野炊，我们的养心游，我们去冲浪，我们去远足，我们去看泰山的雄伟，我们去看漓江的水，我们去嗅自然的风就是为了接地气！大自然的魅力及能量之大很易求证：家养的动物无法与自然养的动物相比；野人的体能远远大于文明人的体能！大自然能够给予我们哪些馈赠、何种款待呢？大自然可以提供给我们的有六养之源：养身、养德、养正、养心、养志、养慧。大自然是一个天然的训练场，我们骑马，我们越野，我们攀崖；大自然里有天然的浴场，我们阳光浴，我们沙滩浴，我们海里畅游；大自然里有最新鲜的空气；大自然里有植物朋友送给我们的能通身心灵的气场，因而大自然可以养我们的身。走进泰山你就不会再感觉自己的渺小，同时也会感觉自己的小念头、小私想法真是不值一提，那一刻泰山就会告诉你："有什么过不去的呢！"这是养志。面对大自然的诸多给予我们必须感叹这就是叫奉献，年复一年，日复一日，给我们一缕风，可以把我们的心清洗得干干净净，会将郁闷抛到九霄云外，这是养心；大自然里，你会忘记在拥挤的城市空间里的不能释怀的许多，只有忘记才能够记起，这岂不是养慧！自然的力好威力，抽点时间关注关注它，不会让你颓废不会让你浪费！

任何源头的给力，任何形式的给力都不如源于自然的取力！

父母在养育孩子的时候也要学会借力大自然。

散养的孩子最有才

人们常说，成材的树不用苛，成才的人不用说。然而，很多父母对这句话持怀疑态度。育才，育才，不育何以成才呢？于是很多父母从孩子很小就进行了严加管教，开始了"辅导班攻略"，然而事实证明：空间为天，自由为才，散养的孩子最有才！

2012 年 2 月，获得英国皇家天文学会会员资格，成为英国皇家天文学会最年轻的会员的张维加，就是散养起来的孩子。

1989年12月，张维加出生于浙江省诸暨市。爸爸张云东是电脑工程师，妈妈是教师。5岁的时候，由于爸爸工作调动，全家人从诸暨搬到杭州居住。张云东对儿子的教育历来主张顺其自然，从来不要求儿子做什么，而是经常问儿子愿意做什么。从幼儿园到大学，他从来没有送儿子进过任何复习班、特长班。小时候，张维加随着爸爸搬到了杭州的新家。张维加看到家里洁白的墙壁，崭新的家具，光滑的地板，心里特别高兴。高兴的小维加诗兴大发，竟然想写诗。不过，那时候的张维加还不知道诗为何物，只是有一种想表达的冲动。于是，张维加用毛笔蘸着墨汁，在洁白的墙上歪歪扭扭地写下了一首诗："站阳台，看月亮。月亮笑，我也笑。"

在新家的墙壁上题诗？这要是在一般家庭，张维加免不了一顿屁股板子。可是，张云东不仅没有打骂张维加，而是把儿子抱起来，激动地大声说："儿子，你真是太有才了。你的诗是咱们家最好的装饰！"果然，张云东一直把儿子的诗保留着，直到多年后搬了新家，这首诗才被房子的新主人刷掉。

张维加上高中的时候，不做作业，甚至逃课。老师把张云东叫去了。张云东说："现在的问题不是他犯的是什么错误，而是要弄清楚他为什么要犯这样的错误！"果然，张维加之所以逃课，这是因为他早已经把老师课堂上讲的内容学会了。在张云东的要求下，学校允许张维加选课上，选作业做。于是，张维加就有了更多的自由发展空间。高三那年，张维加写了一篇题目叫《寒武碰撞性大陆起源与生命进化的研究》的论文。这篇具有世界尖端科技水平的论文，引起了北大、清华等高校的高度关注，并因此被北大破格录取。北大毕业后，张维加跳过硕士，被直接推荐到牛津大学读博士。

让孩子顺其自然，随性、自由发展是散养孩子的核心观念。与那些这也不能干，那也不行的父母相比，张维加是幸运的，正因为父母对他的散养，才能够让他发挥自己的潜能，朝着自己的兴趣、爱好发展，顺势成为人才。马克思说过，每个人的自由发展是一切人自由发展的前提。教育是一把双刃剑，它可以培养孩子的个性，也可以扼杀孩子的个性，扼杀孩子的创造力，熄灭孩子智慧的火花，成为"人类智慧的屠宰场"。那么，要如何对孩子"散养"？

在日常生活中，父母应该怎样培养、呵护孩子的良好个性，充分发展孩子的个性呢？要做到以下两点：一是尊重孩子的个性发展；二是尊重孩子的人格，创造和谐的生活环境。

1. 尊重孩子的个性发展

就是以孩子的眼光看待孩子，以孩子的做法引导孩子，以孩子的个体发展规律设计孩子的发展轨迹。规矩不是用来约束的，而是用来引导的，这才是"无规矩不成方圆"的可用。以自己的孩子看待自己的孩子，而不是以别人的孩子看待要求自己的孩子。

2. 尊重孩子的人格，创造和谐的生活环境

孩子是有独立个性的"人"，是学习的主人，不是家长的木偶，不是考试的机器、分数的奴隶。空间越大越易于施展能力，空间越小越局限，所以要为孩子创设宽松又舒适的环境。

雅心提示

次序很重要：比如爱恨，先爱后恨与先恨后爱完全不是一回事；再如四则混合运算里面的顺序若有错，结果会大不一样；教育的次序很重要：先规矩后主体还是先主体后规矩完全不是一回事。父亲母亲们，是不是排序有误？

孩子会无师自通

很多父母发现自己并没有教给孩子认识一些事物或做某些事情，孩子竟然自己就认识了或者就会做了。难道孩子能够无师自通吗？这个问题困扰了很多家长。最近，网络上也不断爆红一些孩子无师自通。

据《贵州都市报》报道：

一名三岁半的小孩，无论街头广告牌，还是随便指篇文章，他都能读得朗朗上口，让周围邻居无不惊叹。大家觉得奇怪的是，小孩的父母文化不高，由于忙着做生意，从来没有指导过他识字。2月25日，记者来到贵阳市太慈桥凤凰路见到了这名小孩——刘然。见到刘然小朋友的第一印象是，他和其他小孩没两样：乖巧、听话、可爱。当时，他正坐在大人旁边玩玩具车，见有陌生人来，在其父亲刘健的指点下，他很听话地对记者说："叔叔好。"据刘健介绍，他是桐梓县高桥镇人，现在在凤凰路开牛肉粉馆，自己连初中都没读完就辍学了，而爱人是小学文化，由于每天起早贪黑忙于生意，根本就没时间教育孩子。"当初，连我们自己都不敢相信。"刘健夫妇说，"在两岁零三个月的一天，他们突然发现儿子会认字。当时，刘然一个人在默读电视下面显示的那排字。"记者随手从包里摸出一张印有400字左右的文字资料，最先刘然似乎有点害羞，不情愿在陌生人面前"献艺"。好说歹说，终于一字一句地读出：热情使冬天不再寒冷……记者又摸出一张名片，刘然又把名片上的每一个字认得清清楚楚。当记者指着街头广告牌时，刘然依然读得一字不差且非常流利。据了解，刘然生下来几个月后，一直都是外婆在照看。刘然的外婆告诉记者，平时，小刘然特别爱看电视，尤其是上面的广告，家人分析刘然可能是从电视上学识字的。孩子才三岁半，并在没人指导的情况下，就能识文断字，周围邻居们知晓后无不惊叹。刘然在附近小有名气，经常有邻居们拿着报纸来考他，但都会给对方带来惊奇。目前，刘然已经上了 4 天幼儿园了。刘健说，儿子确实给他们全家带来很多惊喜，他们会尽最大的努力培养孩子，希望孩子成才。

每个孩子的天赋各有不同，有的表现在识字方面、有的表现在音乐方面、有的表现在舞蹈方面等。也就是说，平时虽然没有人教刘然识字，但可以肯定他在识字方面有天赋。生活中，有天赋的孩子很多，只是大家平时很少去留意、去发现。诚然，有很多孩子在不同的方面表现出像刘然这种无师自通的现象，这到底是怎么一回事呢？是天赋，还是神童？对于这个问题，最近在科学界和教育界备受关注的镜像神经元理论，能够给予科学的解答。那些多少年来让我们似懂非懂的问题，开始真相大白。什么是"镜像神经元"呢？镜像神经元是一种具有特别能力的神经元，这种神经元，能使高级哺乳动物像照镜子一样在头脑里通过内部模仿而即刻辨认出所观察对象的动作行为的潜在意义，并且做出相应的情感反应。意大利帕尔马大学的贾科莫·里佐拉蒂等科学家在 20 世纪末首先在猴脑上发现镜像神经元，随后，他们又和其他国家的科学家一起，在人脑中也证实了镜像神经元的广泛存在。科研人员把这样一种具有特殊"魔力"的神经元，称作"大脑魔镜"。有人甚至断言："镜像神经元之于心理学，犹如脱氧核糖核酸之于生物学"。镜像神经元研究在儿童教育上有广泛的运用价值，呈现广阔的发展前景，它将成为 21 世纪儿童教育重要的科学支柱，引发我们对儿童教育的全新理解和全面变革。儿童教育的改革创新将进入一个"镜像时代"。镜像神经元是大自然进化中创造出的伟大智慧。这种智慧直

接形成了人类与生俱来的"母思维"，它不是推导式的、推理式的，而是顿悟式的、直觉式的。大自然把这种智慧直接"安放"在人的大脑细胞中，促成了人类成为万物之首，这是大自然给予人类的特殊眷顾！

也就是说，每个孩子都具有某些无师自通的潜能。所以，作为父母请不要严格限制孩子的一举一动，要让孩子自主地去接触自然，接触社会，充分发挥其内在的潜能。

给予孩子自由不仅仅是一种教育手段、教育艺术，更是一种胆魄，一种信赖大自然的胆魄！

让孩子喜欢，一切才有可能

孔子曰："知之者不如好之者，好之者不如乐之者。"爱因斯坦也曾说："兴趣是最好的老师。"兴趣越浓，注意力越集中。孩子的兴趣是致使孩子努力学习不知疲倦的最原始动力，压力是发展的杀手：孩子小的时候不会在压力下学习；孩子大的时候不喜欢在压力下学习。我们压力别人的时候，自己也会被压力；压力让家长身心疲惫，让孩子准备着与你战斗！

因此，我们要抛开累了自己又苦了孩子且让孩子生厌的制造墙壁、制造压力式的教育错误。兴趣班实则是"无兴趣可言"！兴趣的事情一定要以有兴趣的方式去引导。如何引导孩子的兴趣呢？

引燃孩子的兴趣要做到以下四点：一是发现孩子的兴趣。发现孩子的兴趣就要把孩子交给自然，在玩中发现孩子的兴趣。比如父母可以通过周末和节假日，与孩子一起进商店、逛公园，或到树林里散步，留心孩子感兴趣的商品、书籍、景物等。此外，还可以跟孩子一起写字、画画、读书、做纸工、修理日用品、做家务……因为只有在"真诚的环境中才可能有真诚的表现"，自然的环境里会让孩子脱去"假"的外衣，全然真实的自己，让家长看到孩子的本来面目。二是引燃孩子的兴趣。任何事情的发生都会有一个"导火索"，在大自然中、在本真的环境中孩子的热情较高，"热度是助燃"的，当然自燃的现象也不是没有，只是那毕竟属少数，那毕竟属奇迹；而且那毕竟还是要取决于环境。三是激活孩子的兴趣。知识是学会的，而不是教会的。"授之以鱼，足解一日之饥；授之以渔，足食终身之鱼。"孩子刚一接触新鲜知识，会感到新奇，兴趣盎然，但对如何学好这门知识却毫无经验。此时，家长要抓住时机向孩子介绍学习的目的和方法，最好的办法是"家长学会孩子看"，也就是家长将自己变成"孩子的同学"，以孩子的角度学会孩子看；然后再以孩子的语言传授给孩子所获所得。四是保持孩子的兴趣。兴趣有直接和间接、长期和短期之分。孔子说："知学不如乐学，乐学不如好学。"一个人找点兴趣不难，难得是一直有兴趣，难得是持续的兴趣，所以让兴趣保鲜很重要；家长为自己的孩子通过实验找出"保鲜的金点子"，同时在保鲜的路上对孩子还要一路呵护。其实家长有多久的耐力，孩子就有多大的坚持。

雅心·提示

　　教育孩子"爱要先行"！有了怜爱有了喜欢，你的教育就有了良好开端，你的教育才算真正地赢在了起跑线上！如果我们家长输了，孩子靠什么赢！如果孩子不爱你，何以爱你送给他们的"礼物"。于是先行"爱敬"教育，也就是"孝道"教育。

体验胜于说教

1. 体验的魅力

提起大自然，我们就会联想起自己童年曾经涉过水、洗过澡、摸过鱼的小河，爬过的小山坡，捉过迷藏的小树林，追逐过蜻蜓蝴蝶的田野，那空气里的味道，那味道里的感觉……所有这些怀想都令人向往，乃至终生难忘！大自然我们难不难忘，她都会存在；关键是什么呢？是因为我们对自然的体验！就如可爱只不过是一种概念，而恋爱则是一种过程一种感动！恋爱的感觉远远大于可爱。有句话说得好："我们可以没有爱情，但一定需要有恋爱一样的感觉。"能够体验、有心情体验、有条件体验是成长的最佳路径！电话机的发明者贝尔，小时候非常淘气，后来他知识渊博的祖父把他带到农村，使他对大自然产生了浓厚的兴趣。他在祖父的引导下，知道了蟋蟀唱歌是在寻找对象，知了没有嗓子为什么能唱歌。这时在他幼小的心灵里就播下了一颗探索大自然奥秘的种子。所以才有了他的未来成就！

大自然是一个富有魅力的大课堂，因为在这个课堂里孩子心情愉悦，思维活跃；因为在这个课堂里"最易生慧"。心理学家皮亚杰指出："动作是智慧的根源。"体验是教育孩子的重要载体和途径。因为在这个课程里可以激发孩子内心的情感体验，从而产生一种"润物细无声"的影响效果。所以，家长要有效指导孩子参与相关的活动，"说教千遍不如体验一遍"说的就是这个道理。

2. 运用体验的魅力施教

陪孩子一起做游戏、陪孩子做实验、陪孩子观察小动物、陪着孩子玩购物、陪着孩子演电影、陪着孩子玩"看病"、陪着孩子"做个小老师"、陪着孩子当侦探、让孩子给自己当老师、让孩子去当家、陪孩子去养老院、包括过家家等。举例一：比如孩子上课不注意听课，我们可以一同与孩子玩"我当老师"，比赛看谁做得好，在情境活动中，你要有意识地不听孩子讲课，有意识地将孩子"惹火"，之后再问孩子的感受，于是你的目的就达到了。举例二：教给如何向老师"告状"？游戏过程中，做学生的父母一定要有意识地在"做老师"的孩子讲课时不停地打断"老师"的讲课，不停地"告状"。这时，让"老师"来谈感受。

雅心·提示

体验的力量是伟大的，说一千，道一万，不如做一遍。如果孩子不听话，就不要跟他们唠叨没完，请记住体验胜于说教，凡事让孩子亲身体验一下，一切都会释然。亲爱的家长，我们常常会说"等你长成了我，就知道了我的苦"，为什么要等孩子长成了我们的时候呢？不是我们等不起，而是孩子的成长等不起！于是体验真是个好主意。

还给孩子一个完整的童年

"做不完的家庭作业、上不完的兴趣班"是现在孩子们的普遍现状，这种生活不仅把孩子搞得很累，也让父母们在工作之余仍忙碌不已。期待有个快乐、自由自在的童年，这几乎成了城市孩子的最大梦想。美国媒体文化研究学者尼尔·波兹曼在《童年的消逝》一书中提出了这样一个论点：在美国童年正在消逝。中国学者张文质、林少敏等人也敏锐地感受到

儿童生活过早成人化问题，发出了"保卫童年"的呐喊。我们周围的一些孩子小小年纪已经没有了应该有的水灵样儿，孤僻呆板，冷漠怯懦，脾气暴躁，自私自利，缺乏情感，没有情趣。事实亦证明，儿童的好奇心、想象力、创造力被格式化的权威要求渐渐磨蚀，童年这块绿洲正在濒临沙漠化。因此，摆在我们面前的重要课题是：必须还儿童一个"绿色"童年。

希望孩子们拥有快乐的童年，是每一位做家长的心愿，然而也正是家长们剥夺了孩子们的童年。现代家庭大多数一个孩子，几双眼睛盯着孩子，这样不行，那样危险，孩子根本就没有自己可做主的权力。并且，为了不让孩子输在起跑线上，父母还逼着孩子去上那些没完没了的辅导班。即使放学回家也是会被大人盯得死死的，根本没有时间自由自在的融入到大自然的怀抱，自由地探索自然的奥妙。

如今独生孩子的童年真的很孤独，他们需要和其他小朋友一道跑进大自然的怀抱，肆无忌惮地嬉戏、打闹。想想我们的童年，虽然粗食果腹旧衣裹身，但童年的游戏是没少玩的。那时，白天玩骑马、攻城和滚铁环、打弹弓，夜里玩藏猫儿，假日里则成群结队去捉知了、逮蜻蜓，谁会天天在家里猫着，围着父母和电视转。所以，做父母的不要限制孩子跟小朋友一起游戏、玩耍，这是孩子应该享有的权利。如果孩子提出要和小朋友一起玩，父母应该尽可能地给予满足。他们邀小朋友来家里玩，把家里搞得一塌糊涂也无所谓，花点时间收拾一下就是了，重要的是孩子们在一起嬉戏的过程中能够形成健康的心态，学会谦让、团结、友爱和协作，尽享儿童天真活泼烂漫的生活，这才是童年应该做的事情。

儿童在本性上需要游戏。瑞士心理学家皮亚杰认为游戏是儿童对其经验的聚合，是导向内部表征世界的建构过程，也是自我为中心的思维与交互作用之间的一种转换。游戏能使儿童避免现实生活中的紧张感和约束感，能为儿童发泄在现实中不被允许的冲动提供安全的环境，以实现自己的愿望。也有一些学者将游戏看成是儿童试图应付环境和寻找安全场所的一种方式，以及使自己能在各种成功或影响中得以协调的一种途径。20世纪英国杰出的教育家沛西·能提出最好的教学方法是游戏和自由，解决教育上绝大多数实际问题的钥匙在于了解游戏。周作人强调儿童该做的只有一件事那就是"玩儿"，儿童时代是无义务的，他就是玩儿，并赋予了玩儿以极大的意义。苏联教育家克鲁普斯卡娅认为游戏是对儿童极有教育意义的活动，"可以锻炼身体，发展劳动技巧，提高视力的精确程度，使人机智灵巧"。所以，父母千万不要以为孩子们在一起嬉戏是浪费时间，游戏是孩子成长必需的课程。

　　苏联伟大教育家霍姆林斯基当年要招收一批6岁的孩子以进行为期10年的教育，而一个孩子的母亲说小孩子还来得及去学习，先让孩子去过一过他的日子吧，不忙上学。这朴素的话引起了苏霍姆林斯基的深思。自然是儿童生活的天然乐园，儿童的快乐和幸福是简单易感的，一块不规则的小石头、一节枯枝、一片落叶、一团泥巴都能够让他们乐不可支，这都是自然母亲赐予的上等佳品。儿童有他们自己情有独钟的世界，蓝天、日月、星辰、草地、池塘等皆是儿童青睐的天堂。昆虫生物学家法布尔在《童年的回忆》里这样写道："昆虫和小鸟都是孩子们的朋友，前者的样子深受喜爱，孩子们喜欢饲养蚱蜢和粪甲虫，后者是不可抗拒的诱惑，它们的巢、蛋，以多姿的形态，丰富的色彩，很早就赢得了我的心。"如果说儿童从出生时候起就在寻找对话者，那么他们理应在与自然之母对话中确立自身的存在方式与童年本质。儿童天然亲昵自然的本性决定了童年里不能离开自然，需要充分沐浴于自然之中。孩子们有自己的世界，作为父母的我们应该让他们开心地去拥有。让孩子的童年没有孤独，让孩子的童年没有遗憾，给孩子一个完整的童年是现代父母必须要做的事情。

"在万物的秩序中，人类有它的地位；在人生的秩序中，童年有它的地位；应当把成人看做成人，把孩子看做孩子。"作为父母的我们不要剥夺孩子应有的童年。

第十七章

训练孩子"智"：培养孩子的逻辑思维能力

为什么你的生命生活中常有纠结，因为你总是找不到一条清晰的头绪，所以你心好乱好乱，于是你说"让我静会儿"；你为什么那么怕写东西，因为你不知道怎样能将长长的一段话用简捷的方式表达，因为你也不知道该怎样将那么多的念头怎样排序出来才不乱。还有许多许多问题，这些问题首先在心理，在心能的层面；但其中更有就是"智力层面的问题"。这一章里我们谈归纳、谈逻辑、谈抽象、谈思考。

培养孩子的归纳总结能力

1. 归纳总结能力的定义

归纳就是在观察的基础上，发现不同对象之间的联系和区别，然后归纳出它们所共有的特征，进而得出一般的结论。归纳是一种由个别到一般的推理方法，从很多事物中找出其共同的部分，归为一类，概括出它们的要点。总结，就是在开展一项活动、执行一项任务告一段落或全部完成之后，回顾执行阶段时肯定成绩、寻找不足、总结经验教训的过程。

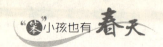

2. 归纳总结对孩子的帮助

归纳总结有助于他们更好地构建自己的"知识体系"，最常见的就是"纲目"或是"知识树"。有一款叫做"思维导图"的软件很适合练归纳能力，可以让思维不累，思维顺畅。如果思路过多干扰，必会导致速度的滞后；可以让自己感觉轻松，因为"思路清晰"，所以不会迷茫，自然少走弯路，于是快、于是通畅，于是心情舒畅。

3. 如何培养孩子的归纳总结能力

培养归纳总结能力可以从以下几方面进行：一是生活整理中：诸如学具整理，书房整理，笔记整理，衣物整理，家务整理，既可感受到整理带来的快感，又可理清思路。二是复述整理：复述故事、复述学校事件、复述影片、复述上学路途见闻。三是学习整理：学科学习总概括，学习每科重难点，一句话总结等。四是活动学习整理：在生活中培养孩子的归纳总结能力，可借生活中的教育孩子契机，有意识地选择一些机会来培养孩子的归纳总结能力。比如，在做饭的时候，父母可以邀请孩子来帮忙，让孩子帮父母择菜，通过择菜的体验，告诉孩子蔬菜和水果的区别，让孩子自己归纳一下蔬菜有哪些，水果有哪些。这是最简单的一种归纳，总结能力的培养。再比如，让孩子邀请小朋友一起来开展一些比赛，赛后让孩子归纳总结一下自己的经验与不足。分析、比较一下小朋友的优点与不足，找到下次进行比赛获得胜利的方法，等等。

雅心·提示

人不怕犯错误，怕的是老是犯错误，更怕的是老是犯同一类错误。所以人需要对具体问题，具体分析、归纳总结，从中找出规律性的东西，避免老是犯同一类错误。归纳总结能力不是一蹴而就的，它需要长期的锻炼，因此，父母让孩子从小锻炼归纳总结能力对孩子的一生都有好处！

培养孩子的数学逻辑思维能力

学习的目的不单纯是为了获得知识，更是为了获取知识的思维力。逻辑思维是一种有步骤、有根据、有条理的思维。父母要想让孩子进行有根据、有条理的思考，就要不断提高孩子的思维逻辑性。孩子的逻辑思维能力可以初步的从数学学习中获得。爱因斯坦所说："发展独立思考和独立判断的一般能力，应当始终放在首位，而不应当把获得专业知识放在首位。"发展孩子智力的指导思想在教学过程中，应注意以下四个阶段。

第一阶段，通过直观教具的演示或列举具体例子，引导孩子进行观察、联想，使孩子感知新知识，从而形成概念、发现命题或法则，获得感性认识。例如学习函数"可导性与连续性的关系"这部分知识时，首先举具体例子，使孩子对它有一种感性认识。例一为"函数在某点可导，在此点也连续"；例二为"函数在某点连续，但在此点不可导"。通过这些例子的分析研究，让孩子发现总结出两者之间的关系，获得感性认识。

第二阶段，在孩子感知新知识的基础上，引导孩子对所获得的感性知识，进行对比、分析、综合，使感性认识提高到理性认识，从而培养孩子的逻辑推理能力。如当孩子获得函数可导性与连续性之间关系的感性认识后，引导孩子写出相应定理，同时通过严密的逻辑推理进行证明。

第三阶段，在感性知识提高到理性知识后，再通过总结推广，把理性知识深化，并且发展到更高的阶段，得到新的理性知识。对于函数可导性与连续性之间的关系明确之后，进一步说明其运用，假如已知某函数在某

区间内可导，就能说明其在该区间内一定连续。从而对这一知识理解得到进一步的深化。

第四阶段，把理性知识深化和发展后，要通过例子，使孩子牢固地掌握和灵活地运用所获得的理性知识，进一步培养孩子解决问题和分析问题的能力。这一阶段主要注意以下几点：①及时巩固新课的练习，主要练习那些概念较强和关键性的问题；②布置课外作业，培养孩子的独立思考能力；③有计划地进行阶段性复习，使孩子牢固地掌握所学知识，并提高他们解决问题的能力；④在练习举例中，要使孩子掌握各种类型习题的解法和思路，从而进一步提高逻辑思维能力。首先帮助孩子明确数学习题的结构。数学习题一般都是由已知和求知或求证构成的，数学习题，就是从已知推出求知（或求证）综合法；或从求知（或求证）推出相同的结果，即交换运用分析法和综合法。其次是帮助孩子把数学习题分类，数学习题一般分为两种类型，第一种类型是可以通过题意或基本概念、定理、公式从已知直接推出求知（或求证），这类习题叫做直接型习题；第二种类型是从已知不能直接推出求知（或求证），但是可以先从已知推出某些辅助信息，然后通过这些辅助信息推出求知（或求证）。这类习题叫做间接型习题，其解题关键是如何将问题转化为从已知推出辅助信息，再从辅助信息推出求知（或求证）。数学作为专业教育中重要的基础学科和工具学科，教学中要时时注意启发孩子的求知欲望，培养孩子的逻辑思维能力，这是数学教育目标的主要因素。教育孩子不仅要学习数学知识，重要的是通过数学教育，了解、掌握重要的数学思想，加深对现代数学的内容、结构、方法和发展趋势的理解，并在今后的日常生活、工作、学习中自觉地加以运用，学会从数学的角度提出问题、思考问题、解决问题，达到启发孩子的求知欲望和培养逻辑思维能力的目的，为其他学科的学习奠定良好的基础。

　　科学家罗蒙诺索夫说："数学是科学的眼睛。"我国数学家华罗庚这样叙述："宇宙之大，核子之微，火箭之速，日用之繁，无处不用数学。"这些名言充分说明了学习数学的重要性。而学习数学中一个重要的工具是逻辑思维能力。

进行抽象思维训练

　　父母要培养孩子抽象思维能力，必须要遵循孩子认知规律，探究科学合理的教育方法。抽象思维训练可以采用以下三种方法：第一种方法是实物演示法；第二种方法是连接生活实际法；第三种方法是思维语言法。第一种方法的实物演示很易刺激孩子的兴趣与欲望，因为生动，因为是孩子所喜欢的形式。比如教给乘法时，可用大米粒去演示，成倍数地增加米粒的数量，随着米粒数量的剧增，孩子会觉得非常有意思。第二种方法是连接生活实际法。许多数量关系都是从具体生活内容中抽象出来的，运用恰当的方式进行具体与抽象的转化，即把抽象的内容转化为孩子的具体生活知识。例如常见数量关系中的单价、总价与数量之间的关系；路程、速度与时间的关系，工作量、工作效率与工作时间之间的关系等，都应结合孩子的生活经验，通过具体的题目将其抽象出来，然后再利用这些关系分析解决问题。这样的训练既有利于孩子获取新知，又有利于他们的思维逐渐向抽象思维过渡，逐步缓解知识的抽象性与孩子思维的具体形象性的

矛盾。

　　父母在努力培养孩子抽象思维能力的同时，还要注意尊重孩子的个性。孩子由于个体心理成熟的早晚、经验积累的少，尤其是家庭、学校影响，他们思维特征表现出一定的差异性。父母要注意因材施教，从每个孩子的实际情况出发，施以正确而良好的教育，使每一个孩子的逻辑思维能力都得到最好的发展。如为了培养孩子的抽象思维能力可注重以下做法：①错位法：即要求孩子听人发言时，假设"如果我来回答，我怎么说？"②差异法：即思考他人发言与我的差异是什么？"我会说的是哪一部分，我没有想到他人是如何思考的？""我有什么补充或纠正。"③成功法：课堂中把一些容易成功的机会让给"学困生"，能力强的孩子予以补充。随着日子的推移每个孩子的抽象思维能力在原基础上都会得到发展。最后，要重视抽象思维中非智力因素的培养。父母要清楚地明白影响孩子抽象思维发展水平的因素很多，还必须重视非智力因素的培养。思维作为一个认识过程，总是与个体的动机、兴趣情感、意志等密切联系并受其制约。兴趣是智力开发的原动力，要不断激发孩子的兴趣，启迪孩子的动机，使孩子始终带着愉快而满足的情绪进行智力活动，有效地促进其抽象思维能力的发展。

　　　抽象是智力层面的能力；抽象是智慧之根；抽象是哲学思辨的基础；抽象决定着一个人的提升；决定着一个人的高度；抽象更是长大的标志！

让孩子爱上思考

1. 为何要独立思考

现代社会瞬息万变，各种信息充斥着人们的生存空间。一个人如果没有独立思考的能力来筛选和甄别各种信息，势必会造成思维混乱和错误判断。独立思考能力是孩子受用一生的能力。因此，父母有必要加强对孩子的独立思考能力的培养。

2. 如何让孩子爱上思考

要想让孩子具有独立思考能力，父母必须给孩子创设明确的思考目标，相应的思考机遇，强烈的思考动机，愉快的思考情绪，必要的思考时间等。每个孩子都是共性与个性的统一体。传统的教育方法，过多的注意到了孩子的思维共性，忽略了孩子的思维个性差异，用统一的方法教育，要求孩子按照既定的模式去思考，这不符合孩子的心理特点。每个人对于客观事物的接触和理解都必须通过自己的思维过程去实现。虽然孩子独立思维的能力有强弱之分，思维方法也有对错之别，但是在学习过程中进行独立思维，是所有孩子共同的心理现象。所以，在教育过程中，父母不仅要研究孩子思维的共性规律，还要研究孩子思维的个性特点，特别是要鼓励和指导孩子发展自己的独立思维能力，这是提高学习质量的关键。如何培养孩子思考的兴趣呢？首先，给孩子美好的目的。比如，学好物理可以让自己的将来做一个好丈夫；比如，学好语文可以让自己写出一则不错的广告语，等等。其次，让孩子怀着愉快的心情学习。对于思考一定是以愉快的心情去追求愉悦。最后，让孩子成为学习的主人，营造宽松的学习气氛。在学习中孩子是主体，因此，我们不能让孩子在学习中做"听客"和"看客"，要让孩子做学习的主人，动口、动手、又动脑，亲身参与学习和

实践，包括知识的获取、新旧知识的联系，知识的巩固和应用的全过程。要强调凡能由孩子提出的问题，不要由父母提出；凡能由孩子解决的问题，不要由父母解决；凡能由孩子表述的，不要由父母表达。学习不再是由父母说了算，父母在孩子学习活动中所要做的就是主动参与、积极引导、耐心辅助，与孩子平等合作、努力探研，充分发挥指导作用，让孩子展开自由的思维尽情思考，真正地把孩子解放出来，使孩子真正成为学习的主人。父母让孩子爱上思考，还需要采取一系列的配套的激励措施，挖掘孩子身上的闪光点，多鼓励，而不轻易否定，恰当指引，想孩子所想。充分培养孩子学习的兴趣，才能激发孩子学习的热情，从而提升孩子的学习积极性和深入性，为培养成独立思考人才打下坚实的基础。

教孩子会思考，首先要让孩子"生活在思考的世界里"。

雅心·提示

　　思考的方法，单凭认真听"讲"是听不来的，思考的方法是要靠孩子自己的独立思考来领悟。只有孩子不断地体会到思考的乐趣，才能逐渐养成独立思考的习惯。

第十八章

给予孩子"乐"：做快乐的父母寓教于乐

每个孩子都是落入凡间的天使，梦想就是天使的翅膀，总有一天他们需要自由的飞翔；梦想是孩子们成长的声音，总有一天他们合唱更能独唱！而孩子的梦想能否实现，完全在于父母是否给予了孩子快乐。

教育美丽并快乐着

对于我们必须做的事情、不得不做的事情、早晚要做的事情，如果不能愉快，那可是一生的不幸，一生的痛苦。所以，本着对自己也对孩子、对生命也对生活负责的态度，我们有义务让自己外在快乐，有义务让自己内在愉悦！让自己快乐愉悦是一种道德；让别人快乐愉悦是一种美德！作家蒋子龙曾讲过，"工作是美丽着的。"这种美丽着的工作应该是工作的最高境界。能够让自己在不得不做的事情上愉快并美丽着，实在是一件幸事！也是一种福分！作为家长能在育子中与你的孩子同时感受愉悦，这是千金不换的财富！

雅·心·提示

　　让自己快乐愉悦是一种道德；让别人快乐愉悦是一种美德！作为家长能在育子中与你的孩子同时感受愉悦，这是千金不换的财富！

呵护好梦——养育的快乐

　　孩子生来爱做梦，而且通常是很美的梦！可以说"童年是梦养的""快乐是梦养的"！梦是年轻的象征，梦是滋味的语言，有梦就不怕多少次从头再来，有梦会让你跌倒再爬起。梦想是每个孩子的权利，也是他们在心中给未来世界画的一幅画。请细心呵护和浇灌每一个孩子心中的梦想！

1. 好梦是圆出来的

　　每个孩子都是落入凡间的天使，梦想就是天使的翅膀，总有一天他们需要自由的飞翔；梦想是孩子们成长的声音，总有一天他们合唱更能独唱！这梦怕被嘲笑惊醒，这梦担心"雨"的淋湿，这梦是需要家长在梦里引领到现实，需要你的倾听欣赏把她变成可行的理想。孩子需要有个好梦，孩子更需要一个能圆好梦的家长！"做白日梦"是奇迹的种子，"异想天开"是非凡的土壤。这播种与耕耘者就是家长！因为孩子的好梦是家长"圆"出来的！

　　梦是孩子们的"孩子"，孩子需要你赞美、呵护他们的孩子，而绝不是批评他们的孩子！如果你爱你的孩子，就一定能呵护你孩子的"孩子"！以孩子的心境和需求读懂孩子的"梦"，圆孩子的梦！

2. 家长应呵护孩子的梦想

家长如何呵护孩子的梦想呢？呵护孩子的梦须注意以下四点：一要注意倾听成长的声音；二要注意角度；三要解梦伴梦；四要注意以孩子的角度呵护孩子。

一是要学会倾听孩子成长的声音。孩子的成长中经历着身心的裂变，经历着困惑也经历着疑虑。更多的是乐此不疲的梦，或许经历一次次的挫败，但孩子总还是能"跌倒爬起，继续做梦！"比如，一直位居班级第二的小孩会想"下次我将远远领先第一，让第一成为第二，对我望尘莫及！"一直成绩不佳的那个小孩想"……考试成绩下来了，所有的同学都向我投来了极度羡慕的眼神，老师把我的名字大大的写在黑板上，爸妈早早做好了一桌子我最爱吃的美味在等我回家，猜怎么着？我考了个全班第一。我自己都不能相信！"一直被妈妈看不起的小孩，梦想着"突然有一天妈妈终于对我说了一句'妈妈错怪了你！'"有个父母离异的孩子经常"梦见"自己的亲生父母来看她了，并且表示他们一直找了她很多年，且十分悔恨对她所做的一切，发誓要补偿她，现在就可以让她跟他们回"新家"，那个新家好奢华，她的日子简直就是天堂的日子，她也突然间从"灰姑娘变成了白雪公主"，可是她还是有些不能忘记现在的父母，因为他们给予她的伤太深了！常常被家长评价"什么都不是"的孩子们，总是梦想自己做出点惊天动地的大事件，以惊醒父母：他们故作病态，以博得父母同情，却被父母识破，之后严词挖苦；总被父母看不起的、被认作"不争气，不长脸"的"弱势孩子们"经常会梦想自己突然一天"得了绝症"，自己突然一天"出了意外"，然后父母非常后悔自己当初不该那么刺激他们，这些孩子的梦常常会升级为"另换个死法，也就是不很痛苦的死法……"

这是他们的曾经的梦，他们的梦有时离自己并不遥远。孩子们的梦父母如何听得到？他的发呆，他的日记，他的突然沉默，他的顶撞，他的突

然表现自己，他的侃侃而谈，他喜欢谈的话题，他的兴奋点与兴趣点，他的模仿，他的不合时宜的洋相，他的诸多信号。孩子的梦是要愿读、能读且会读的。

二是要注意角度。在孩子的梦里，父母会是什么角色，应该是什么角色，这不是由父母来定的，而是由孩子来定的，因为孩子的梦是由孩子做主，也就是谁的梦谁做主。对于孩子的人生目标与学习目标的确立，我们家长的任务是负责列选项，展示选项风彩，至于能够喜欢上哪"款"目标，这是孩子的事情；我们家长的任务是提供选项，引导展示的作用，这就如买房子，买谁的房最后一定是买主说了算的事情，因为房子是买主享用的，说白了"孩子买不买你家长的账"这需要符合孩子的愿意与需求，还有就是你这个"卖主是不是让买主感觉喜欢"。梦是理想的种子，做什么样的梦，怎么做梦，如何实现梦一定不是我的所有权，我们家长不可以侵权！为此，在呵护孩子的梦的问题上，作为父母你只是个"卖家"而已，只是个"供应商"而已。用说得已经很烂的、且不太让孩子们喜欢的教育理论讲"家长是引导者，而不是主宰者"！一个人能够分清什么是自己的，什么是他人的真的很重要；同样，对于家长能够明白什么是自己的，什么是孩子的，不拿着孩子的东西当自己的东西，真的很重要！启蒙主义思想家卢梭曾经说过："教育即生长。"生长是别人不可能替代的，你只可以呵护帮助，而不是做主！

我们父母常说的："上个好幼儿园，好好学习你才能上个好小学"、"考入重点中学，你才有出息"、"学好英语，将来当个外交家"诸如此类，此类可不可以成为孩子们的不同阶段的目标？可以。只是这一定要是符合教育实质的，而且最好是合适孩子，而且孩子也十分愿意的！父母替孩子设计好未来，然后要求孩子去实现，这显然是对教育本质的背离和对孩子天性的劫持。当孩子的梦遭遇了父母梦的入侵，被剥夺了"做梦的权利"时，渐渐地"前进就折了翅膀"！全国高中生物联赛复赛浙江省赛区第一名得主沈寒的一篇名为《我不知道自己的梦想是什么》的文章，文中谈到学习她不觉得累，但她一直有件烦心事，没有梦想。

三是要注意能够解梦伴梦。要做孩子追梦路上的知心伙伴。心理学专家在总结分析一些诺贝尔奖获得者的心理特点后，发现他们具有以下几个共同特征：①对自然界和科学现象具有广泛而浓厚的兴趣；②从小具有一种自发的探索精神和不受拘束的想象力；③具有强烈的自我成长动机和成就动机；④高度的创新性、独立性和求异性；⑤具有反潮流精神，不追求物质利益；⑥刻苦、顽强、百折不挠的精神。而这些心理特点正是拥有绚丽多彩的梦想的人的心理品质。梦想，是孩子自我形象的理想化；梦想，是一种可贵的心灵动力，它会最大限度地激发人的潜能，从而实现自己的目标。梦是美的，美是需要赞扬的；梦是需要理解与陪伴的；梦怕孤独：没人能陪你分享梦的美也是一种酸楚；梦怕打断：被不和谐的训斥打断是尴尬与恼羞的；高潮的突然落幕也会让人猝不及防，于是产生落差。比如，当孩子的梦想游离不定时，我们可以帮助孩子寻找梦想的偶像；当孩子只看到偶像身上的光环和鲜花时，我们要和他们一起讨论偶像的成长史、奋斗史、成就史，让他们品悟"台上一分钟，台下十年功"。让每个孩子都有梦想，是教育最核心的任务。

四是要注意以孩子的角度呵护孩子。只有走近才能呵护，如何走近？要有阿姆斯特朗母亲的"孩子话术"，按照孩子的语气走近孩子，然后顺势呵护！

雅心·提示

梦是自己心灵与思想最美的设计案；神秘、兴奋、激情、快

乐、唯美等人类追求的元素都在其中，要守好美梦！谁的梦谁做主，父母的梦就是要守好孩子的梦，让美梦成真！

悟道之乐——"润物细无声"

教育理论在"豪言"——解放孩子的"苦海无涯"，让孩子"学习乐作舟"，听起来有理，只是没法相信能够执行。为什么？教育总是说得太多，做得太少；教育总是越弄越伤害；教育总是不正常去教正常，所以难信！最简单不过，我想问：既然是要让孩子"乐学"，那么何为乐？乐学的前提一定是乐教，我们是否"乐教"？

雅心告诉你：一个人身心不受伤，感觉还舒服，这是乐的"树根"！我们不谈废话，只问一句：有谁能够谈我现在因为轻松而幸福？果真能，那才叫真的"活着"；现在太多的人已经将自己钉死在了一个个通向地狱的很诱惑的标志上：钱数、分数，就是不看看自己的幸福指数！现在是房越大活着的质量越差；纠结越多运势越差；端着的越多自由越差；讲理太多亲情越差；孩子越出息老子晚景往往越差；钱财越多安全越差！问问还有几人真心欢笑？还有几人脸上是自然纯净的光芒？走在街上看匆匆走过的形形象象、林林总总，要看有多累，问问天下父母；要看有多苦，问问天下儿女！乐其实简单，就是无压，只压力一条就一票否决！

1. 何为乐教

如果不能乐，自然无法乐教。"皮之不存，毛将焉附"！如果你的教育有枯燥的说理、如果你的教育有过随意、如果你的教育在没有给孩子作好铺垫、打好保护层时，就已经伤害了孩子，这将成为你教育的隐患：小孩日后的裂变、小孩子突然的逆反都与此有关。乐教其实最根本的一条是不能让你的小孩感觉到压力；不能让你的小孩有厌烦情绪；不能随意张嘴。作为家长，你乐才能有乐教，家长们有因乐而教、又因教而乐的感觉吗？多数难能做到：因为我们家长的危机感，重到远远大于快乐感、幸福感，并且又急不可待地将压力，将危机感压给了孩子。所以，无从谈乐，更无从谈乐教！乐教是一种无为而有为的状态，是一种自我达观的状态，是一种非常人又极常人所能拥有的状态！如今的可怕就在"正常情况下多是不正常"！

2. 如何乐教

教育是心灵与心灵的融合，灵魂与灵魂的对话，智慧与智慧的碰撞，生命与生命的互动。如果你的灵魂还四处游荡、如果你的心灵充满了忧伤、如果你一直不吃小亏多吃大亏，又何言作心灵的融合，灵魂的对话，智慧的碰撞。即便有撞，那一定是"极速病菌繁殖"，那一定是灾难！

如何去乐教？只谈两点根本——两无为教育，即"无声与无压"。如何无声教育？就是"润物细无声"的教育，就是要在教育过程中把教育意图隐蔽起来，以一种自然和谐的方式实施教育。让孩子在不知不觉中获取真知，学会做人。让我们学习"润物细无声"的教育极致。

美国著名成功学家卡耐基先生演讲之后回到办公室，其秘书莫莉小姐笑吟吟地迎上来说："卡耐基先生，演讲成功吗？""非常成功，掌声四起。""那太祝贺您了。"莫莉由衷地笑着说。"莫莉，你知道吗？我今天去给人家讲的是'如何摆脱忧郁创造和谐'，我从公文袋里取出讲稿，刚一开口，下面便哄堂大笑。""那一定是你讲得太精彩了。""的确精彩，我读的是一段如何让奶牛产奶的新闻。"说着将手中的材料递给莫莉。莫莉的脸倏地红了，喃喃地说："昨天我太粗心了，卡耐基先生，这不会让您丢脸吧。""当然没有，你这样做使我自由发挥得更好，还得谢谢你呢！"

从此以后，莫莉再也没有出现过因粗心而造成工作上的失误。

应用到教育上来，如果你的孩子网瘾，你说了很多遍，孩子都不肯离开电脑桌，这个时候你要强令动作——拉孩子起来，而不是去讲道理，因为教育是无声的。还比如前面有提的"惩罚自己"的教育策略也是无声教育。无压就是不要给孩子过多过高的压力，最好让孩子"自我设标"：他人给予的目标往往会造成极大的压力！

一个人身心不受伤，感觉还舒服，这是乐的"树根"。乐其实简单，就是无压，只压力一条就一票否决！

体验之乐——适合游戏的乐教

1. 游戏不会荒废

有一天做视频直做到"昏天黑地"，没有了一点的感觉，而且眼睁睁地看着自己视频的速度越来越慢，越慢越急，越急越慢。这当口突然有朋友约我去看房，一听看房心情一下就欣欣然起来，只是心里有点小纠结：按速度推下来，这活就是不睡觉也难能做完，我还出去美？可是房子的诱惑太大了。那是怎样的房呀！太有味道的英伦式花园洋房，一路上的风光相当的"自然"，看着看着似乎就嗅到了童年的味道。出了后门就是一个新火车站，一种"四通八达"的心境，想着心就神驰了。带着兴奋回来，只不过三个小时十个视频顺利完成!

真是"磨刀不误砍柴工",羡慕吧,我有足够的幸福感取悦自己!所以别担心游戏会影响时间,愿力一定要听听脑力的承受!也不可以牺牲儿童的现在去换取成年后的未知数。家长不用担心游戏只是消磨时间,家长不但要支持孩子做游戏,还要抽时间陪孩子一起做游戏。以提高动作技能,锻炼身体,学会分辨事物的差异,开发智力,体验人与人之间的关系,学会交往和协调。

2. 真正送给孩子体验之乐——游戏乐教

如何真正地送给孩子体验之乐,让孩子体验乐教中的乐趣?那就要做到"两舍得",一是"舍得时间投入";二是"舍得物力投入"。一舍得在游戏上投入时间,游戏是一种学习,学习协调,学习与人共处,学习如何做人,学习生活,学习放松……比如学习累了之后的音乐游戏、心理游戏、实验游戏、减压游戏等,是一种脑力补充,是一种思路敲醒,是一种灵感呼唤,有水准的游戏是一种很好的换气。音乐就是我最好的朋友,她能"天女散花"般的给我很多无法言述的美妙!还如上面所说的房屋给予的家之味道功力。二舍得在游戏上的物力投入:你真的舍得吗,为了孩子,比如孩子将他们的大作画在了墙上、书上、衣服上……你会责怪、大怒、惩罚吗?如果那样,你的损失才是真正的大,因为孩子的兴趣被打掉了。

和孩子一同游戏,你一定要先将自己"转换",将自己转换为小孩子,以小孩子的感觉与方式和孩子玩!

　　家长不用担心游戏只是消磨时间，家长不但要支持孩子做游戏，还要抽时间陪孩子一起做游戏。以提高动作技能，锻炼身体，学会分辨事物的差异，开发智力，体验人与人之间的关系，学会交往和协调。

提问之乐——乐在提问的技术与艺术

　　知道我现在在想什么吗？我在想读我这书的人长得是什么样子呢？还有读到这里，这位亲爱的读者有没有想提个问题的欲望呢？放心，我不会给你讲枯燥的东西，我们直接说：如何以提问引燃孩子"乐"呢？我教给你提问四乐：一乐是给孩子说话的机会；二乐是变相赞美；三乐是关怀发问；四乐是解除担忧。

　　一乐给孩子说话的机会：故意引导孩子说话，比如，有关车的问题，我儿子懂得更多，儿子给叔叔说说，怎么样？这就是给孩子表现自己的机会，这个机会孩子当然乐了，当然你有心一样会找到更多的机会，说多了是我啰唆，我相信家长们的悟力及能力；二乐是变相赞美：我才知道一个国家的国旗知识，你居然知道 90 多国国旗知识，真了不得，终于找到这些资料了，能给我们说说吗？在这种赞美里你还可以加点要求，孩子也不会感觉到累；三乐是关怀发问：一天坐十几个小时，成绩又对你这么不公平，这次考试失误，可是你却表现得这么坚强，老妈我真的做不到，服你！你有什么不舒服可以和老妈说说，好吗？或者说：是不是老师讲得很简单，可是练习题很难，觉得没有太多的思路，对不？我们多找些练习册来，把思路统计一下怎么样？这种关怀既有温暖又有引领；四乐是解除担忧：这么不开心，是不是因为成绩不理想担心爸妈这里会失望，这么努力我们怎么能怪你呢，还有什么别的事情吗？

雅·心 提示

作为家长先学习快乐，储备快乐，你快乐了，你的孩子才能快乐！

第十九章

修炼孩子"放"：能放能忘才能合适记忆

"记忆力"太过张扬，获得了太多本不该属于它的荣誉与器重！在"教育专卖场"里家长们疯狂抢购"记忆力及其相关产品"，忽视了不该忽视的"记忆马前卒"——忘记。在此雅心提醒，放下与忘却相对更重要，因为没有它们就无法达成记忆。就如多么漂亮的裤子，它也不能忽视一条腰带。所以，要训练孩子的记忆力，更要训练孩子的"放功"，也称"忘功"。

何为放功？放功有何益处

要培养孩子智慧的放与忘，作为家长要明白何为放功，也就是忘功；还要明白放功（忘功）有哪些特性，以便更好地培养。

什么是放功？放功（忘功）就是放下影响孩子心境、影响孩子心理空间容纳、影响孩子记忆、影响孩子向前向上的事与情。放功有什么益处呢？放功至少有"三益"。

一是更大的拿起。只有放下该放的，才可能拿起该拿起的。比如我们双手给你赚了满满的一元纸钞，现在又突然送来了诸多百元纸钞，你想要拿到更多就只有放下现在手里的一元纸钞。放功是我们把握最大、最合适、最智慧的必经之路。

二是弃暗投明。同样不放则不能拿。如果一个人的心被仇恨塞满了，那么爱与关怀的阳光就挤不进来；比如我们的孩子可以顺从老师或是外人，然而却不肯顺从家长，因为总是觉得家长为自己所做的一切都是应该的，这是过度理由效应，对于这一现象，我们家长必须会"适当的放"，只有适当的放才能让孩子明白你的爱，才能赋予孩子责任与感恩，同理，孩子心理负面的情感或情绪多了，正面的积极的情绪或情感就挤不进来。

三是学会变通。坚持是件好事，但是如果坚持了错的就是固执，就是偏执，就是执迷不悟。比如前面讲到的《搞笑的兔子》里面的兔子就是固执偏执：买胡萝卜为什么一定要去花店呢？不要为了一棵大树而放弃整个森林。

有则题为《蚂蚁与玻璃杯》的寓言：两只蚂蚁误入玻璃杯中，它们慌张地在玻璃杯底四处触探，想寻找一个缝隙爬出去。不一会儿，它们发现这根本不可能。于是，它们开始沿着杯壁向上攀登。然而，玻璃的表面实在太光滑了，它们刚爬了两步便重重地跌了下去。一次、二次、三次，爬了三十次。有一次，眼看就快到杯口了，可惜，最后一步却失败了。一只蚂蚁放弃了，另一只蚂蚁又开始攀登。一次又一次跌倒，一次又一次攀登，它终于爬到了杯口的边缘，用最后一点力气，翻过了这道透明的围墙。

杯子里的蚂蚁羡慕又忌妒地问："你获得成功的秘诀是什么？"杯子外边的蚂蚁回答："接近成功的时候，可能困难。谁在最困难的时候不丧失信心，谁就可能赢得胜利。"

这则寓言是坚持教育，在此，我想说：坚持是必须的，但是选准方向更重要，如果一开始蚂蚁就选对了方向——瓶口，就无须经历一次又一次的失败；不是怕失败，只是没有必要的失败岂不是人生的一大浪费！对于孩子的教育这点须特别提醒：我们不可以一次次地从头再来，有些东西一旦种下来，就可能是影响或是伤害一生的；再者我们的孩子等不起我们一次次的错误；更有人生若事事都这样"坚持"，失败三十回还不思考，那就是盲目！

　　放功（忘功）就是放下影响孩子心境、影响孩子心理空间容纳、影响孩子记忆、影响孩子向前向上的事与情。

放功（忘功）有哪些特性

　　放功（忘功）有哪些特性？放功（忘功）有四性，即为"正向选择性"、"暂存暂放性、"消极回避性"、"及时转换性"。

　　正向选择性也就是我们要选择正面的内容，接近正向场之人，正向场之事，比如影片《亮剑》中有"骑兵边全、边连殉国"的片段就很让人震撼，音乐《红旗颂》就让人庄严起来。接近正向能量的人，你就很容易正向；接近乐观的人，你就容易快乐起来；接近有智慧的人，你就不会太傻。所以要教会我们的孩子选择正向能量的同学伙伴，选择积极的读物，选择向上的有益的音乐，选择听正向的新闻，等等。

　　暂存暂放性就是对未知的危险或是灾难，我们作好"风控备案"后，就可以暂放暂存，切记"不要让尚不一定来临的风雨打湿自己，让自己沉重！"

消极回避性即是放弃负面元素，这就要求我们无论是结交还是关注，都要去选择正面的内容，邪恶的不积极的朋友不交，邪僻之事远离。比如音乐选择，有个曲子叫做《黑色的星期天》，据说有不少人是因为听了这首曲子之后自残自杀。

及时转换性是指在纠结之时、对纠结之事要能够进行良性转化，这种转换的能力是需要培养的。这种转换能力雅心称之为"雅心幸福转轮"，这个转轮如何转呢？比如对于失恋痛，我们可以这样理解：如果你爱对方，那对方失去了一个爱他的人，而你失去了一个不爱你的人，从损失的角度上讲你的损失小比较划算；如果你不爱他，失去他是正合适。再比如对于"恐惧等待"：一位朋友有些绝望地讲，她去为自己测了一卦，说卦上居然讲要等到十年以后她才能交财运，她说"这么漫长的日子怎么熬！简直不敢想！"用我们的生命转轮到另一个角度去思考：十年的光阴，如果没有期遇的财运来，十年难道可以不过？还有我们已经经过了太久的清淡的日子，不也过来了吗？再者生命绝不该是一个支点，不该是一点的快乐，趁现在还有机会我们可以尽享快乐。等到太忙的日子时，只怕没有时间去享受了，也就是人生有风就享受风的味道，有雨就体验雨的滋味。

人生绝不可以"人活着快乐没了""钱来了健康没了"，我们不会愿意做个"有钱的奴隶"，"病痛的富翁"。人生什么最重要？"感觉"最重要！

雅心提示

父母要教会孩子正向选择。正向选择也就是我们要选择正面

的内容，接近正向场之人，正向场之事。

放功需要如何历练，如何做到

放功需要我们做到"三功"：即"宽恕功"、"沉淀功"、"果敢功"。

宽恕功就是放弃因伤害我而恨你的权利。有位现已四十多岁的女博士，她模样俊秀，工作及家庭条件都十分优越，可是她一直没有恋爱，家人很着急，过来寻求帮助，原来这位漂亮女博士在她十三岁时遭遇了强奸，她一直不能忘记那一幕，用她自己的话说："她时常想起那个夜晚，时常想起那个男人，她感觉好恶心！""男人没有一个好东西，都那么恶心！"我对她讲"这件事情对你来说，不过是十几分钟，也就是那个可恶的家伙对你的伤害也不过十几分钟，而更多的伤害却不是这个男人带给你的，而是你自己，是你自己不能当放则放。你的生命中有太多美好的东西你都视而不见，相反你却一直牢记着不该牢记的人或事！"那个男人你喜欢他吗？她把眼睛睁得大大的，声音几近于吼："我恶心死那个人了！"我说："那就对了，这么令人恶心的人、恶心的事记着它做什么！都怪你记性太好了！"她似有所悟地看着我。之后我们做了一系列的调理，一年后这位漂亮女博士结婚了。其实一个人除了自己愿意，否则没有人能伤害得了你。有时宽恕别人对自己是一种最大的爱护。

沉淀功就是将心中的渣滓找出来，然后过滤出去。在水中放进块小小的矾，就能沉淀出很多渣滓；在我们心中培植一种感恩的情怀，则可以消融许多私心杂念，沉淀功关键在于判断、在于选择，即首先能够判断取舍，之后是能够用沉淀的方法进行选择，然后过滤。

比如一只掉入米缸的老鼠，它是该痛苦还是兴奋呢？刚刚跌入米缸那会儿一定会惊恐害怕，但是当看到米缸里好多的米时，它又开始兴奋——如果我们是那只老鼠一定要把握好一个"度"，跌入的时候不过度绝望，看到米那一刻也不过度欣喜，然后可以吃些米，但绝不可贪吃，因为太多了身体是负累，会把自己"拖死"在缸里的。起初米堆的高度足以让老鼠跳出米缸，可它太贪吃了，而没有在适宜的高度上跳出去。实质上它是吃掉了生命的高度。也许我们为着本不是高度的目标断送了孩子可能性的更高的高度，比如我们许多父母都希望孩子好好上学，顺利进所好大学，将来有份安逸的工作。可是我们的孩子多数却会这样想：即便上了大学，在校期间更多的是体验生活，体验工作，积累经验与资金，将来自己当老板。这些孩子的潜台词"我可以学习不好，但我将来或许需要这些学习好的孩子做员工！"谁的梦更炫，谁的理想更高！不难看出。

果敢功就是当放则放的能量。如果你的孩子死活不肯上高中或是读大学，他们已经有自己的想法，你敢支持！

一个有关禅悟的故事：有个人不小心失足跌下山崖，就在失足这一瞬，他抓住了崖壁上的一根藤条，同时他大声喊"佛祖救我""佛祖救我"……佛祖出现了，并对他讲"你要快快放手！"他没有放手，因为他不敢。结果第二天人们发现他冻死了，更让人们不解的是：他离地面其实只有两米。

在澳大利亚，有一个叫丹恩的男孩，一天，他独自上山砍柴，却在回来的路上被毒蛇咬伤了脚趾，于是他用砍柴刀将自己的脚趾砍了下来，忍着剧痛走回村庄，最终保住了性命。

这是舍弃，也是珍惜：舍弃了脚趾，却换回了生命。人，可以说"无

时无刻"不在选择之中，而选择不仅需要智慧，还需要果敢！

 雅心提示

　　人，可以说"无时无刻"不在选择之中，而选择不仅需要智慧，还需要果敢！父母就是要培养孩子果断的放弃不该坚守的东西的能力。